大原千鶴の
とびきりおいしい
卵料理

家の光協会

はじめに

日本の人は卵が好き。
日本は世界でも有数の卵の消費大国ってご存知でしたか？
私も、それにもれず卵が大好き。
どんな料理もふわりとした卵が入るだけで
ごちそうに変わります。
栄養があるのに値段も安くて、色がきれいでウキウキする。
こんな食材は他にないのではないかと思います。
こんなに身近な卵ですが、実は卵使いを見れば
お料理が上手か下手かすぐわかります。

卵料理に必要なのは特別な技術ではなく、
タイミングを覚えること。それだけです。
10秒違えば仕上がりが変わる食材だからこそ、
ちょっと気をつけて美味しくなるタイミングを探す。
それを知って身につけておく。その姿勢が大切です。

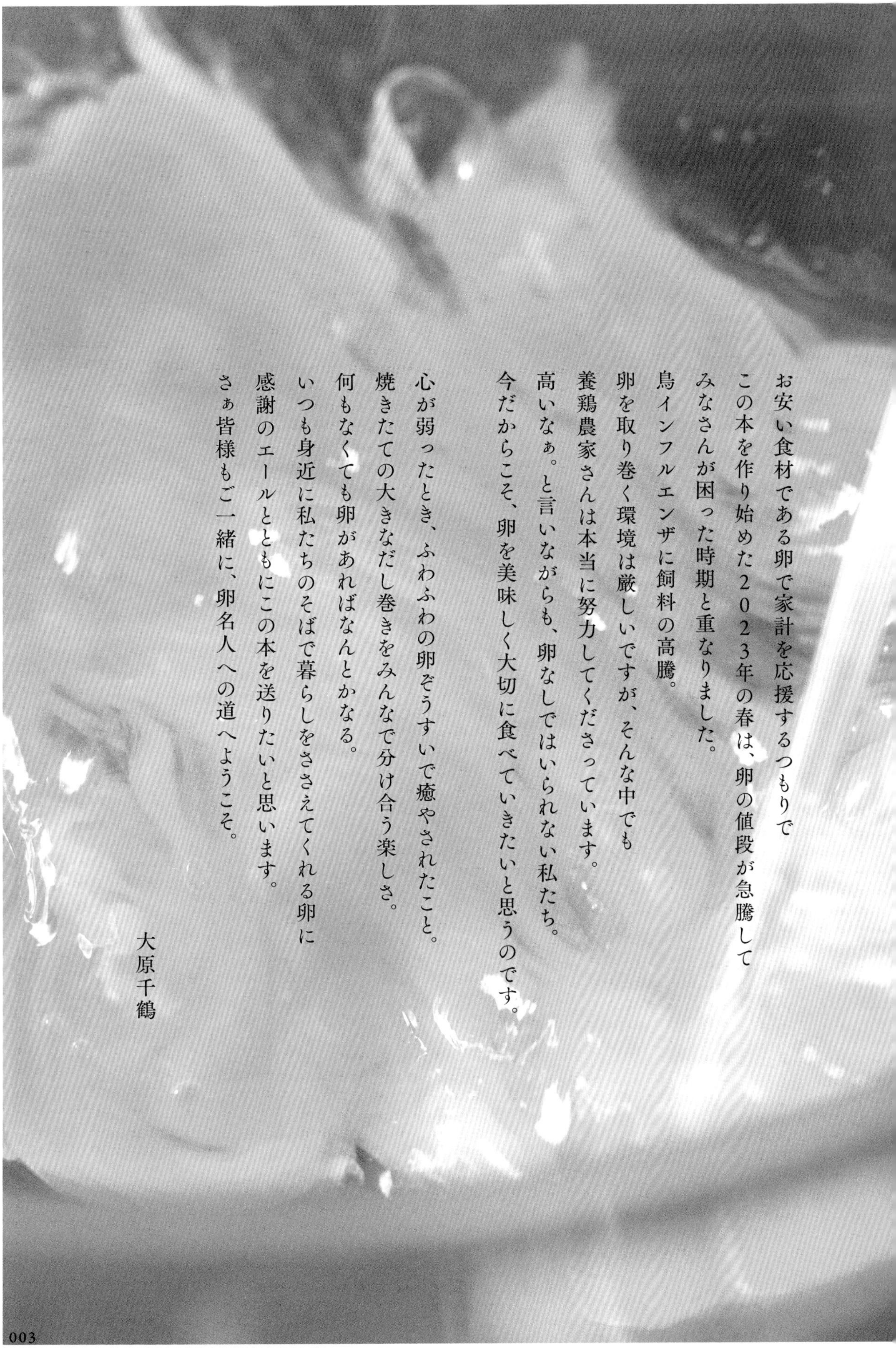

お安い食材である卵で家計を応援するつもりで
この本を作り始めた２０２３年の春は、卵の値段が急騰して
みなさんが困った時期と重なりました。
鳥インフルエンザに飼料の高騰。
卵を取り巻く環境は厳しいですが、そんな中でも
養鶏農家さんは本当に努力してくださっています。
高いなぁ。と言いながらも、卵なしではいられない私たち。
今だからこそ、卵を美味しく大切に食べていきたいと思うのです。

心が弱ったとき、ふわふわの卵ぞうすいで癒やされたこと。
焼きたての大きなだし巻きをみんなで分け合う楽しさ。
何もなくても卵があればなんとかなる。
いつも身近に私たちのそばで暮らしをささえてくれる卵に
感謝のエールとともにこの本を送りたいと思います。
さぁ皆様もご一緒に、卵名人への道へようこそ。

大原千鶴

目次 大原千鶴のとびきりおいしい卵料理

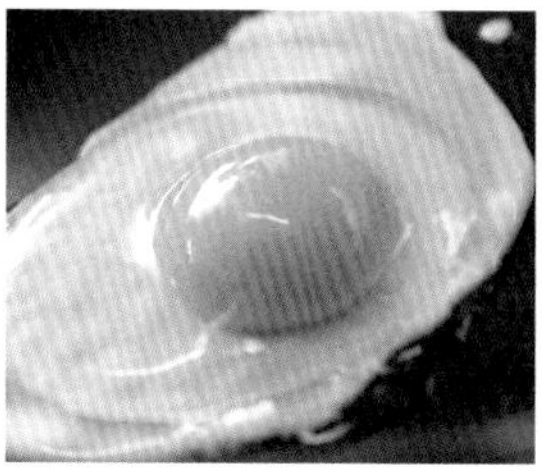
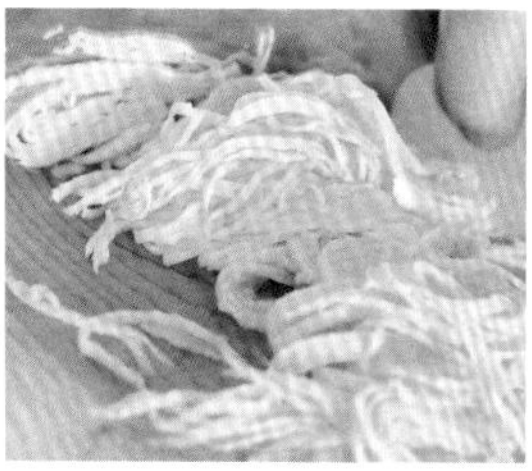

この本の使い方

レシピを変えずに、味のバリエーションが3倍に！

塩分換算表

塩の分量　しょうゆ味に変える場合…塩の分量の約6倍
みそ味に変える場合…塩の分量の約8倍

塩	しょうゆ	みそ
小さじ¼	小さじ1½	小さじ2
小さじ½	大さじ1	大さじ1⅓
小さじ1	大さじ2	大さじ2⅔
大さじ1	大さじ6	大さじ8

塩、しょうゆ、みその塩分濃度は、塩100％に対して、
・しょうゆ15〜16％
・みそ（信州みそ）12〜13％です。
塩味の料理をしょうゆ味やみそ味にする場合は、しょうゆは塩の分量の約6倍量、みそは約8倍量に置き換えるだけ。覚えておくと便利です。

材料のこと

◯だし汁は、昆布と削り節の水だしを使用しています。

沸かして冷ます手間がなく、時短に。

常に作りおきしている便利だし。

水だしの材料（作りやすい分量）と作り方
冷水ポットに水1ℓ、昆布5g、だしパックに入れた削り節（かつお・さばなどの混合削り節）10gを入れ、3時間以上おく。冷蔵で冬は3日間、夏は2日間保存可。

◯卵はMサイズ（中玉）を使用しています。

◯米油は、なければ太白ごま油やサラダ油でも。

◯酢は米酢を使用しています。

◯煮きりみりん…耐熱容器にみりんを入れてラップをしないで、沸騰するまで電子レンジにかける。

◯溶き辛子…粉辛子を水適量で溶く。

この本の決まり

◯計量カップは、1カップ＝200mℓ、
計量スプーンは、大さじ1＝15mℓ、小さじ1＝5mℓ。1mℓは1ccです。

◯フライパンは、フッ素樹脂加工など表面加工のものを使っています。

◯電子レンジの加熱時間は、600Wを基準にしています。

500Wの場合は1.2倍、800Wの場合は0.75倍にしてください。

機種によって熱量に多少差がありますので、様子をみながら加熱してください。

◯電子レンジやオーブン、オーブントースターなどの調理器具は、お使いの機種の取扱説明書に従って使用してください。

◯煮る時間、焼く時間は目安です。火の通りをみながら、加減してください。

フライパンで絶品の極み！

半熟目玉焼き

材料たった1つで
至福のおいしさ。
焼きにこだわれば、
プロの味に。

材料（2個分）

卵…2個
オリーブオイル…小さじ2
塩、粗びき黒こしょう
…各少々

白身はほどよく火が通り、
ふちがカリッと焼ければ、
黄身はとろりと半熟。
これが私の好みです。
では、焼いていきます～

1 フライパンにオリーブオイルを中火で熱する。

目玉焼きに使う油は、卵1個に対して油小さじ1。油の効果でふちがカリッと仕上がります。

2 卵1個を割り入れる。

黄身が割れないようにそーっと。

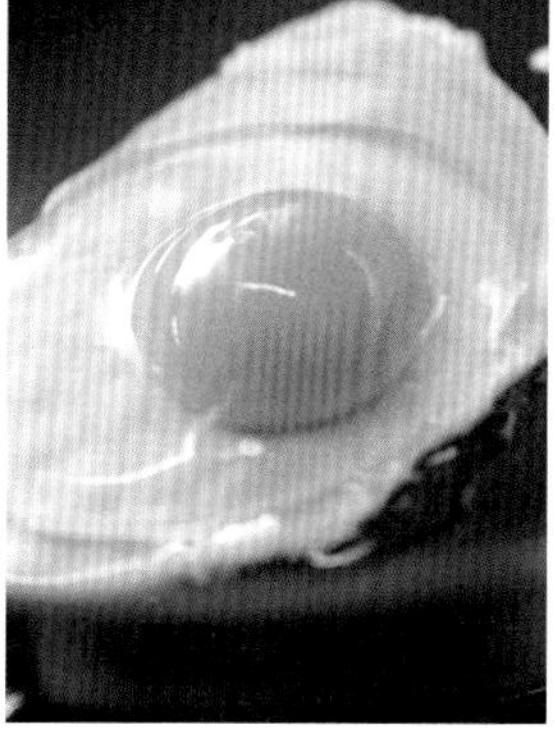

ふたなしで焼くと黄身がきれいに仕上がります。

3 2個目の卵を入れ、塩、黒こしょうをふり、好みの加減まで2～3分焼く。

2個目は、黄身を取り分け、白身→黄身の順に入れます。黄身は別のせすると、黄身の位置が好きに決められ、きれいな焼き上がりに。

白身にほどよく火が通り、白くなってきたら、パラリと塩、黒こしょうを。

しょうゆやソースなど
お好みの味でも。

ベーコンにとろりと
濃厚な黄身がからんだ
最強コンビ。

ベーコンエッグ

ベーコンで囲った中に卵を落とすと
白身が広がらずにきれいに焼けます。

材料（1人分）

卵…1個
ベーコン…2枚
塩、粗びき黒こしょう
…各少々

作り方

1 フライパンにベーコンを円になるように並べて中火にかける。卵をベーコンの間に割り入れ、白身が白くなってきたら、塩、黒こしょうをふり、好みの加減まで焼く。

2 器に盛り、好みの野菜を添える。ウスターソース適量をかける。

MEMO

ベーコンから脂が出るから、表面加工のフライパンなら、油いらず。

甘辛味が
卵によく合います！

照り焼き目玉丼

照り焼きだれの材料を入れたら、
火は通しすぎずに、黄身をとろりと。

材料（1人分）

卵…1個
米油…小さじ1
A｜みりん、うす口しょうゆ…各大さじ1
ご飯…適量

作り方

1 フライパンに米油を中火で熱し、卵を割り入れて好みの加減に焼く。Aを順に回し入れ、フライパンを軽くゆすって全体にからめて火を止める。

2 器にご飯を盛り、好みの葉野菜、1をのせ、あれば粉唐辛子少々をふる。

菜の花と豚肉炒め
半熟目玉焼きのせ

苦みのある野菜は
まろやかな卵と
相性よし。

とろりとした黄身が
濃厚なソース代わりに。

材料（1人分）

卵…1個
菜の花…100g
豚ロース肉（とんカツ用）
…1枚（100g）
塩、こしょう…各少々
オリーブオイル
…大さじ1
しょうゆ…大さじ½

作り方

1 豚肉は1.5㎝幅に切り、塩、こしょうをふる。フライパンにオリーブオイル小さじ1を熱し、卵を割り入れ、半熟目玉焼きを作り、取り出す。

2 1のフライパンにオリーブオイル小さじ2を熱し、中火で豚肉を炒める。火が通ったら、菜の花を加えて強めの中火にしてざっと炒め、しょうゆを加えてからめて器に盛る。

3 2に目玉焼きをのせ、あれば粗びき黒こしょう少々をふる。

MEMO

菜の花は火の通りが早いので炒めすぎない。食感と香りを生かします。

半熟目玉焼きのスープ

白身の香ばしさが
味の決め手に。

初体験の味。
目からウロコのおいしさ。

材料（1人分）

卵…1個
米油…小さじ1
A
- 熱湯…150mℓ
- 鶏ガラスープの素（顆粒）…小さじ1

白ねぎ（斜め薄切り）…20g

作り方

1 フライパンに米油を熱し、卵を割り入れ、半熟目玉焼きを作る。

2 1にA、ねぎを加え、ひと煮立ちしたら火を止める。器に盛り、好みでラー油少々をかける。

かたさを自在に仕上げる

蒸し焼き目玉焼き

黄身が流れ出ない
かたさに焼くと
扱いが楽です。
目安は3分。

ふたをして蒸気を回して、黄身を少しかために
白身をふんわり焼きます。目安は3分。
黄身が流れ出ず、白身はかたすぎずの
加減が大切ですよ。

＼みんな大好き！ 目玉焼き／

自分好みの「至福の味」を

目玉焼きはその人の好みが一番はっきりわかる卵料理だと思います。

おいしい目玉焼きは、その人にとってひとつだけ。


目玉焼き作りは、そのこだわりを「焼き」で表現することが大事で、イメージした目玉焼きが作れた時の満足感といったら！


私は、白身の上に太陽のように輝く黄色い黄身がのり、白身はふちがカリッと焼けていて、黄身は半熟が好きなので、ふたをしないで焼きます。

料理にはさんで食べる時には、右のような焼き方で。

いろいろ焼いて、自分好みの焼き方を見つけ、手軽なのに「至福の味」を存分に味わってください。

材料（2個分）

卵…2個
オリーブオイル…小さじ2
水…大さじ1
塩、こしょう…各少々

1 オリーブオイルを中火で熱する。卵を割り入れ、水を加える。

水は大さじ1。多すぎると、水っぽくなります。

2 ふたをして3分蒸し焼きにする。

蒸気を回してふんわり火を通します。

3 塩、こしょうをふる。

MEMO

卵1個で作る場合は、オリーブオイル小さじ1、水大さじ½で。

ハンバーガー

牛ハンバーグは、ひき肉よりも牛こまで。
やわらかく、肉感にあふれるおいしさ。

材料（2人分）

蒸し焼き目玉焼き…2個

A
- 牛こま切れ肉…150g
- 玉ねぎ（みじん切り）…50g
- 塩…小さじ¼
- 粗びき黒こしょう…少々

スライスチーズ（とろけるタイプ）…2枚
バンズ…2個
バター、にんにく…各少々
レタス（手でちぎる）、トマト（薄い輪切り）、マヨネーズ、紫玉ねぎ（薄い輪切り）、ピクルス（薄い輪切り）…各適量

作り方

1 ポリ袋に**A**を入れ、袋の上から軽くもんでなじませる。空気を抜きながら袋の口をしばり、冷蔵庫で3時間以上（できれば一晩）おく。

2 **1**を2等分してふんわりと丸め、フライパンに並べ入れ、ふたをして中火で3分焼く。表面がしっかり焼けたら上下を返し、ふたをしてさらに2分焼く。火が通ったらチーズをのせ、ふたをして1分したら火を止める。

3 バンズは厚みを半分に切り、トースターで焼く。切り口にバターを塗り、にんにくの断面をこすりつける。バンズにレタス、**2**、目玉焼き、トマトの順にのせてマヨネーズをかけ、紫玉ねぎ、ピクルス、バンズの順にのせる。もう1個も同様に作る。

牛肉は恐れずに、
焦げ目がつくくらいまで
しっかり焼いたほうがおいしい。
たねは、ポリ袋で混ぜるだけ。

クラブハウス風 サンドイッチ

卵が入ると彩りがきれいで
気分がグッと上がります。

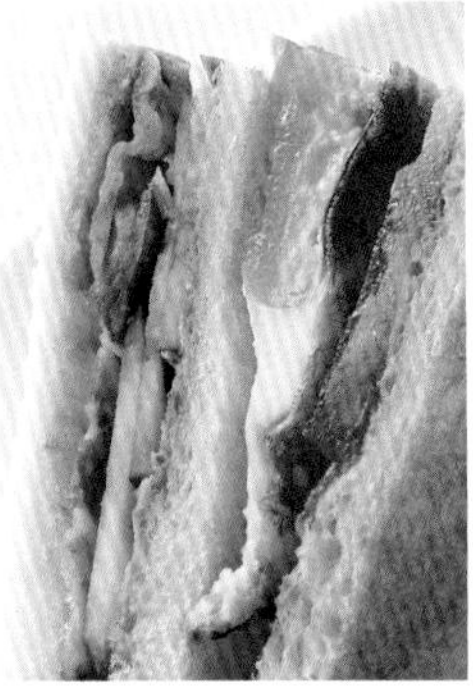

薄いトーストではさむと
ひと味違う贅沢なおいしさに。

材料（2人分）

食パン（10枚切り）
…3枚

A バター、
フレンチマスタード
…各少々

B トマト（薄い輪切り）
…2〜3枚
蒸し焼き目玉焼き
…1個

C ベーコン…2枚
きゅうり
（ピーラーで長めに
薄く削る）
…6枚

作り方

1 フライパンにベーコンを入れて両面をカリッと焼く。トースターでパンを焼き、片面に**A**を薄く塗る。

2 パン1枚に**B**をのせる。

3 もう1枚のパンに**C**をのせる。

4 **2**に**3**をのせて重ね、残りのパンをバターを塗った面を下にしてのせ、押さえながらラップできつく包み、2〜3分おいて落ち着かせる。ラップごと三角形に切る。

ラップで包んだまま切ると、くずれにくくて扱いやすい。

材料（1人分）

蒸し焼き目玉焼き…1個

A
- ご飯…120g
- たくあん（細切り）…10g
- いりごま（白）、ごま油…各小さじ½
- 塩…少々

B
- にんじんのナムル、ピーマンのナムル…各約10g

焼きのり…1枚

マヨネーズ…適量

作り方

1 ボウルに**A**を入れて混ぜる。

2 まな板にラップ（約30㎝）を広げ、のりをのせる。のりの真ん中半分くらいまでハサミで切り込みを入れ、のりの右半分に**1**を広げ、右上のご飯に**B**をのせ、左上に目玉焼きをのせ、マヨネーズをかける。左下から順に折りたたむ。

3 ラップできつく包んで2〜3分おいて落ち着かせる。ラップをはずして食べても、ラップごと食べやすい大きさに切って食べても。

にんじんのナムル、ピーマンのナムルの作り方

フライパンにごま油大さじ½を熱し、にんじん（細切り）100gを炒め、しんなりとしたら塩小さじ¼を加えて炒め、いりごま（白）小さじ½を加え、ざっと混ぜて火を止める。ピーマン（細切り）100gも作り方は同様。

ご飯に刻みたくあんを混ぜるから、クセになる味に。

折りたたむすび

ご飯に好みの具をのせ、握らず、大胆にたたんでできあがり。

油は多め、温度は高めで
さっと揚げ焼きに。

揚げ目玉焼き

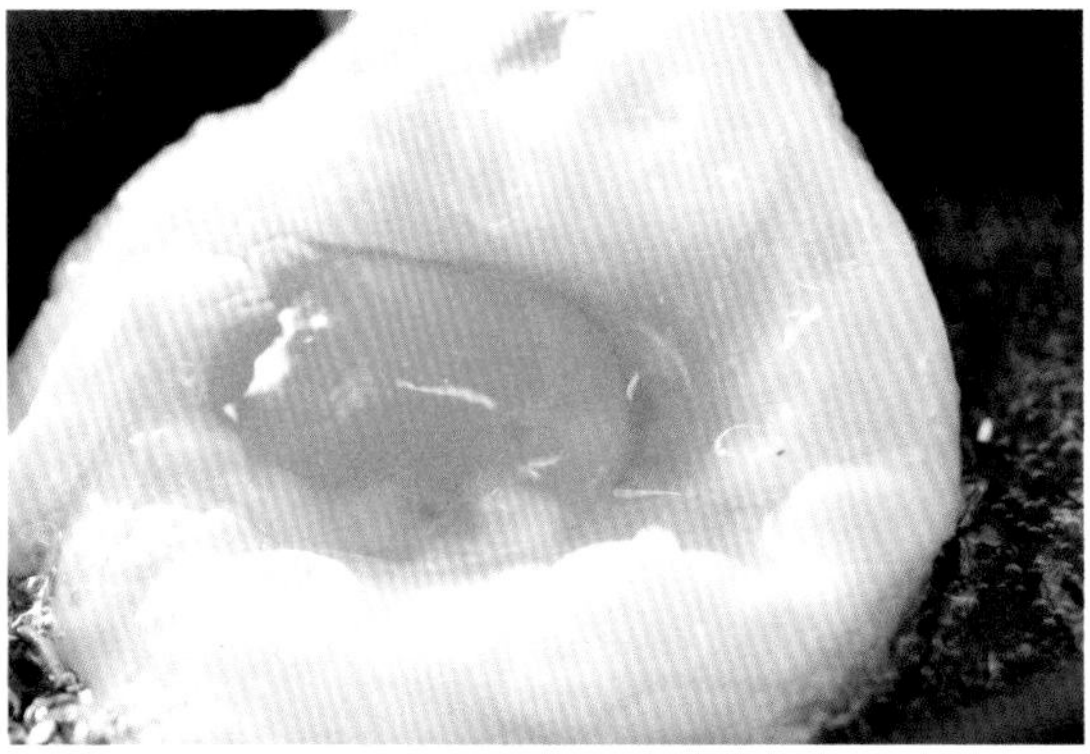

材料（1個分）

卵…1個
米油…適量

1

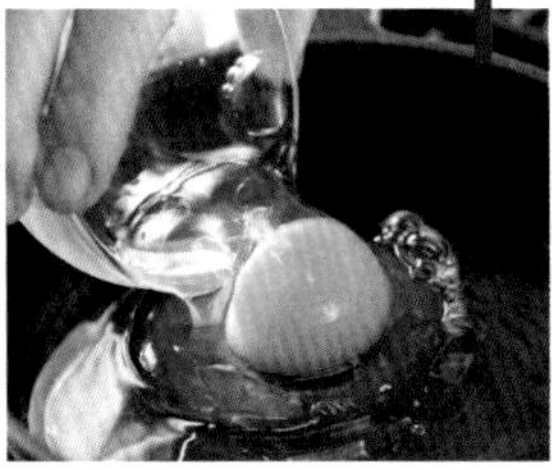

フライパンに米油を
高さ1㎝まで入れて
中火で熱し、
卵をそっと入れる。

2

白身が
白くなってきたら、
半分に折りたたみ、

3

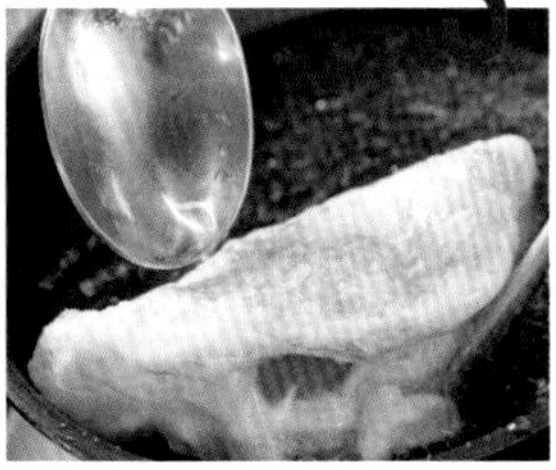

卵が好みの
半熟になったら
取り出す。
塩少々（分量外）を
ふる。

揚げ目玉焼きで
ナシゴレン

香ばしい目玉焼きは、白身がふんわり、黄身がとろり。
干しえびは、最初に炒めて香りよく。
香りがきいて止まらないおいしさ。

材料（1人分）

揚げ目玉焼き …1個
干しえび（粗みじん切り）… 5g
玉ねぎ（粗みじん切り）… 30g
牛ひき肉 … 50g
ピーマン（緑、赤・粗みじん切り）
…20g

A
- ご飯 … 170g
- しょうゆ … 小さじ1
- ナンプラー… 小さじ½

米油 … 小さじ1
レモン汁 … 小さじ1

作り方

1 フライパンに米油、干しえびを入れて中火で炒め、香りが立ったら、玉ねぎを加えてしんなりするまで炒める。ひき肉を加え、火が通ったらピーマンを加えて炒める。

2 Aを順に加えて炒め、調味料がなじんだら、レモン汁を回し入れる。味をみて足りなければ、塩ひとつまみを加える。器に盛り、揚げ目玉焼きをのせ、あればパクチー少々をあしらい、好みで粉唐辛子をかけ、レモンを添える。

MEMO

干しえびが味の要。干しえびがなければ、桜えび（乾物）でも。

濃厚な黄身が絶妙！

ゆで卵

小さなごちそうは、
時間通りにゆでるだけ。

7分ゆで卵は
黄身がとろり、
白身がしっかり。

10分ゆで卵。
真ん中は
しっとりとしたかたゆで卵。
おべんとうにも重宝。

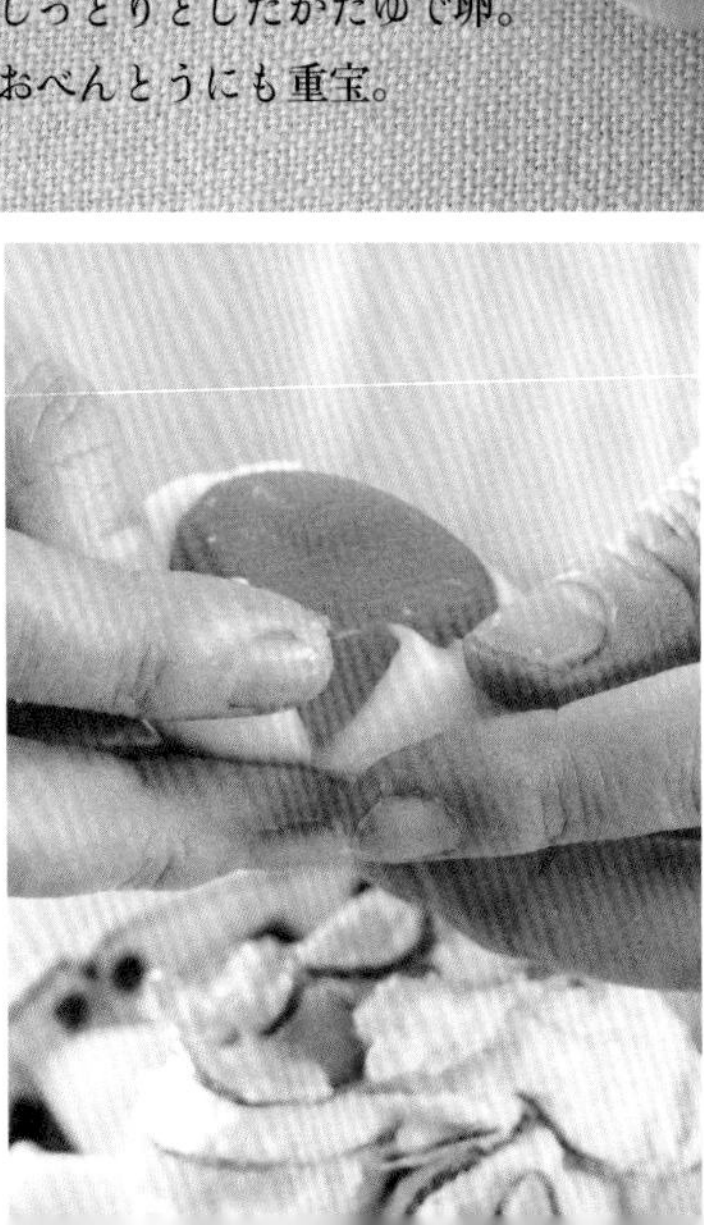

卵を買ったら、冷蔵庫に入れる前に何個かは、
ゆで卵にしておくと便利。
卵がかたまる70℃程度でゆでると、
黄身も白身もそれぞれがおいしく仕上がります。

1 卵は常温に戻しておく。

卵を常温に戻しておくとゆで加減が安定します。

2 卵をざるに入れ、熱湯で7分ゆでる。

数個まとめてゆでる時は、卵をざるに入れると時間差が出にくく、鍋底に当たって割れることがなく、取り出しやすい。

卵は70℃でかたまるので、湯をぐらぐら沸かす必要はありません。
卵は回すと中央に黄身が来るので、時々、ざるごと回します。

3 すぐに氷水にとり、殻をむく。

急激に温度を下げて余熱を入れず、黄身を絶妙の半熟に。
卵が縮むため、殻がむきやすくなります。

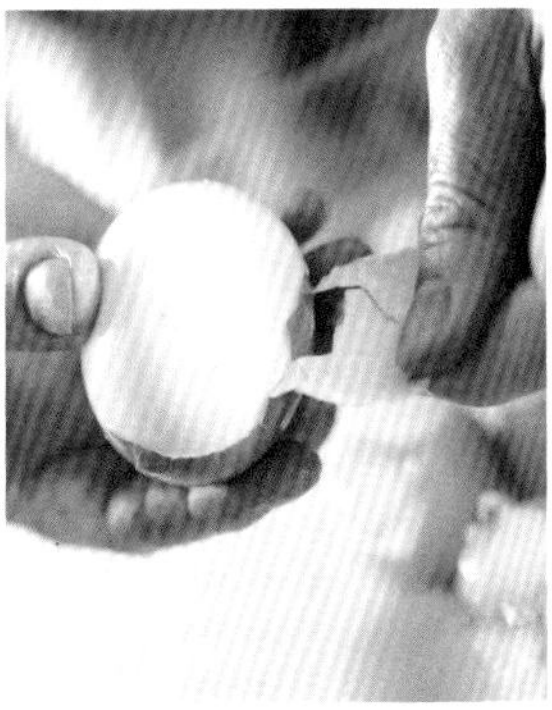

まな板の上で転がして細かくひびを入れると、白身が凸凹にならずに殻がきれいにむけます！

できたての
ゆで卵は
ちょっとしたごちそう

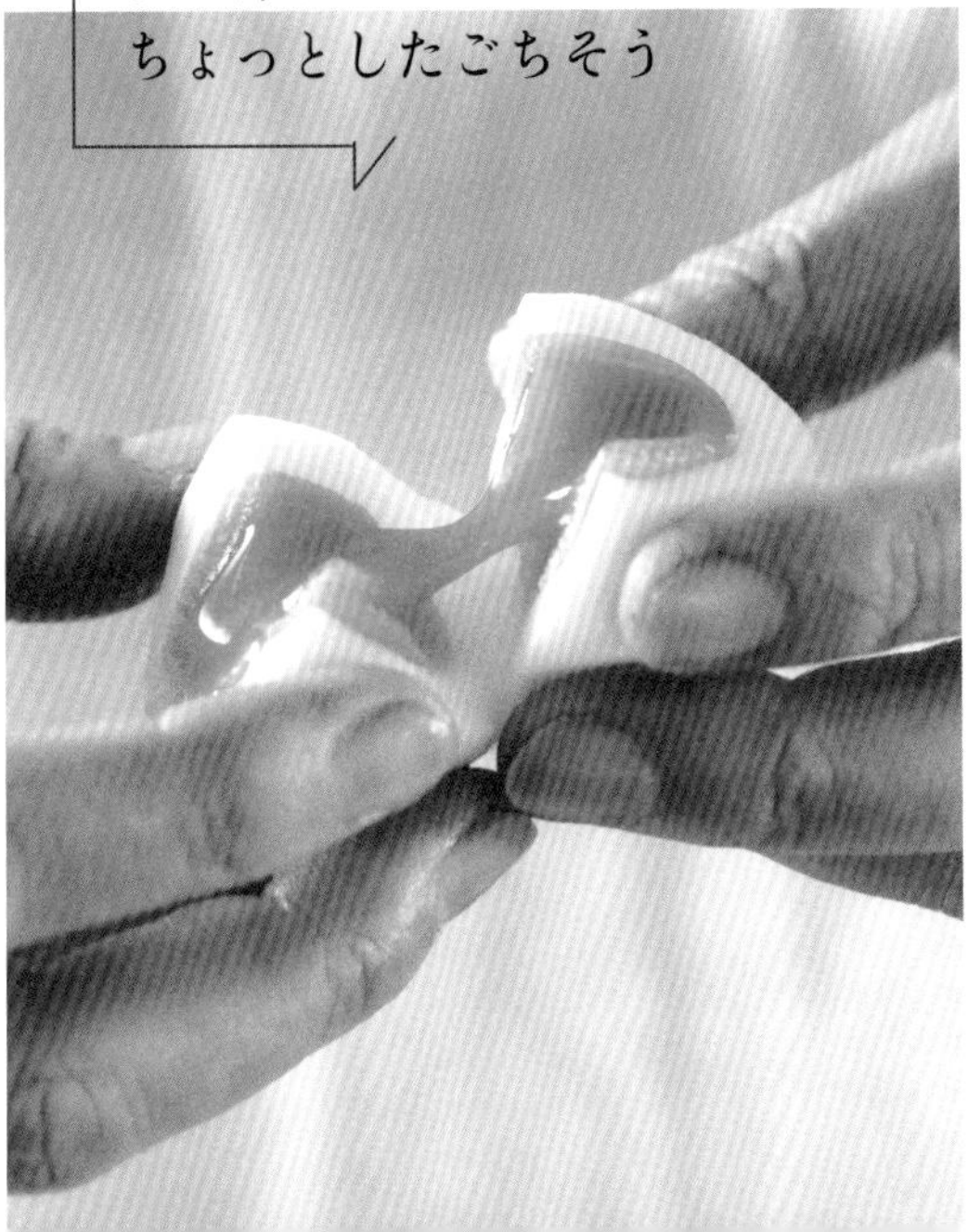

味玉4種

漬け汁で変幻自在。
ご飯、麺に添えると、
グレードアップ。

少しの砂糖でコクを出します。

しょうゆ味玉

材料（作りやすい分量）と作り方

1　ポリ袋に漬け汁Aを入れる。

ポリ袋にA【しょうゆ、みりん各大さじ1　砂糖ふたつまみ】を入れる。
袋の上から軽くもんでなじませる。

2　1に7分ゆで卵を入れて冷蔵庫で一晩おく。

水気をペーパーでふいたゆで卵（2個）を入れる。
空気を抜きながら、袋の口をむすび、冷蔵庫で一晩おく。

MEMO

漬け汁は、漬け時間1日が食べ頃になる配合なので、長くおく場合は、漬け汁から出してください。

漬け汁Aの材料を替えると

余りがちなキムチの漬け汁を
上手に活用。

キムチ味玉

A
白菜キムチの漬け汁
…大さじ1
しょうゆ…大さじ½

好みで白菜キムチ(刻む)
少々を添えても。

まろやかなうまみの
相乗効果。

みそ味玉

A
みそ、みりん…各大さじ1
砂糖…小さじ½

好みでいりごま(黒)少々を
ふっても。

洋風卵がすぐ楽しめる。

ケチャップ味玉

A
トマトケチャップ
…大さじ1
ウスターソース…大さじ½

好みで粗びき黒こしょう少々を
ふっても。

アンチョビーを
オイルサーディンに替えて
塩分控えめに。
かんたん手軽なおつまみサラダ。

おつまみニース風サラダ

ゆで卵は、糸で切ると断面がきれいに。
半熟にやわらかくゆでても
つぶれずに、きれいに切れます。

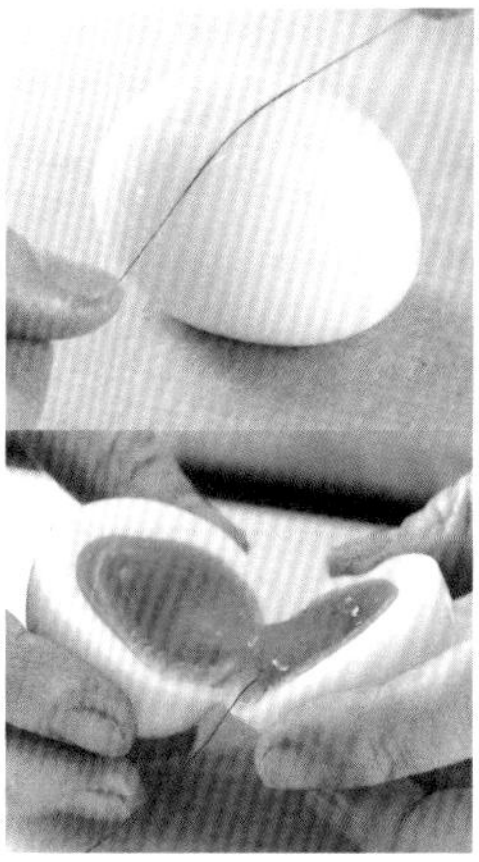

材料（1〜2人分）

7分ゆで卵…1個

〈玉ねぎドレッシング〉

A｜塩…小さじ¼
｜酢、煮きりみりん（P5参照）
｜…各大さじ1

B｜米油…大さじ1
｜おろし玉ねぎ…大さじ½

〈サラダの具〉

ベビーリーフ（ミックス）…20g

オリーブ（塩漬け）、
トマト（ざく切り）…各30g

オイルサーディン
（大きければ食べやすく切る）
…20g

作り方

1 ボウルにAを入れて混ぜて塩を溶かし、Bを加えて混ぜ、玉ねぎドレッシングを作る。

2 器にサラダの具を順に盛り合わせる。

3 ゆで卵は糸で4等分に切って、2に盛り、1を適量かけ、混ぜながらいただく。

MEMO

材料を混ぜるだけの玉ねぎドレッシングは、わが家の定番。焼いた肉や魚介など、使い回しがききます。

黄身とろポテサラ

わが家で人気の
半熟ゆで卵オンポテトサラダ。
コクのある濃厚な黄身で
テンションが上がる。

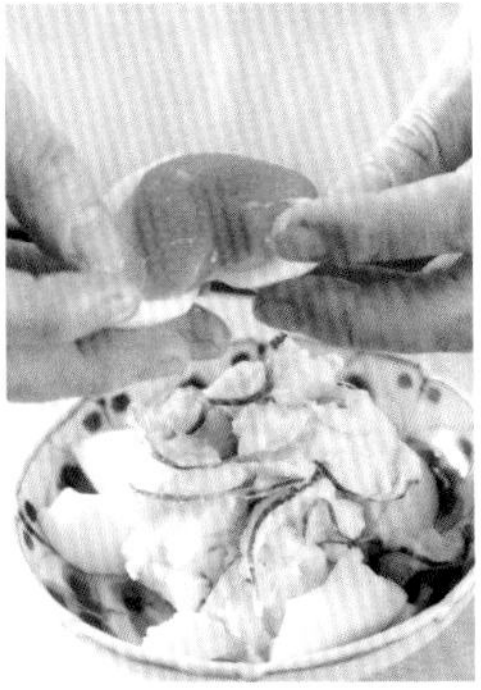

卵があれば、ハムいらず。
他の具は、
きゅうりと玉ねぎだけ。

材料（2人分）

7分ゆで卵 … 1個
じゃがいも … 2個（約200g）

A | 塩、砂糖
  … 各ひとつまみ

きゅうり … 1本（100g）
紫玉ねぎ … 20g

B | マヨネーズ … 40g
  塩 … ひとつまみ

作り方

1 じゃがいもは皮をむき、一口大に切って小鍋に入れ、じゃがいもの高さの六〜七分目の水とAを入れる。火にかけ、ふたをしてゆでる。

2 きゅうりはスライサーで薄切りにし、塩小さじ¼をまぶして3分ほどおき、水気をしぼる。紫玉ねぎもスライサーで薄切りにし、水にさっとさらして水気をきる。

3 1がほっくりとしたらゆで汁を捨て、マッシャーなどでざっくりとつぶし、粗熱をとる。

4 3に2を加えて混ぜ、Bを加えてよく混ぜる。器に盛り、ゆで卵を手で割ってのせ、塩少々をふる。

MEMO

じゃがいもは少ない水から、塩だけでなく砂糖を入れてゆでるとホクホクに。

肉巻きたまご

牛肉は厚みが均等になるように
巻くのがコツ。

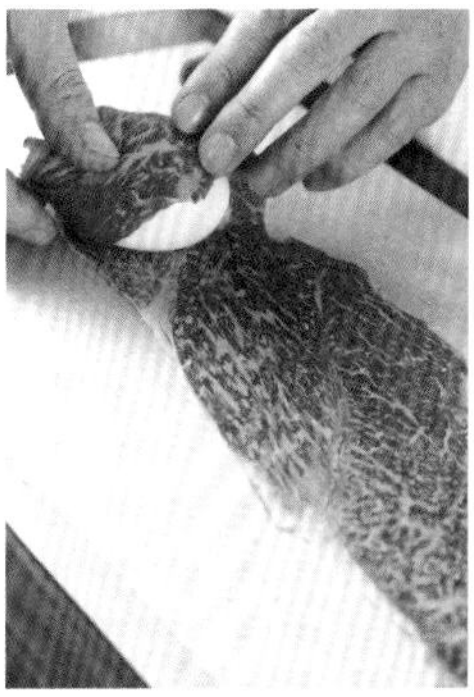

すき焼きとは、
ひと味違う肉巻きたまご。
とろりとからんだ黄身が絶品です。

材料（2人分）

7分ゆで卵…2個
牛薄切り肉…2枚（約100g）
A｜砂糖、しょうゆ
　｜…各大さじ1

作り方

1 ゆで卵を包むように牛肉を巻く。

2 フライパンに1の巻き終わりを下にして入れて中火で熱し、時々箸で転がしながら全体を焼く。牛肉に火が通ったらAを加え、フライパンをゆすって肉にからめて火を止める。器に盛り、あればしし唐辛子（小口切り）少々をあしらう。

MEMO

白身がクッションになるため、肉をしっかり焼きつけても黄身はとろりとしたまま。

鶏のピカタ タルタルソースがけ

無駄のない配合で驚くほどしっとり。
一番おいしい鶏むね肉の食べ方。

材料（2人分）

〈タルタルソース〉
10分ゆで卵…1個
A
玉ねぎ（みじん切り）…大さじ1
ピクルス（みじん切り）、
パセリ（みじん切り）
…各大さじ½
マヨネーズ…大さじ4
塩…ひとつまみ
こしょう…少々

〈鶏のピカタ〉
鶏むね肉…1枚（250g）
塩…小さじ¼
こしょう…少々
小麦粉…大さじ1
卵…1個
米油…大さじ2〜3

作り方

1 ボウルにゆで卵を入れてフォークの背でつぶし、Aを加えてよく混ぜる。

2 鶏肉は皮があればはずし、縦半分に切ってから1㎝厚さのそぎ切りにする。塩、こしょうをふり、小麦粉をまぶし、溶いた卵をからめる。

3 直径26㎝のフライパンに米油を中火で熱し、2を並べ入れ、ふたをして2分ほど焼く。片面がこんがり焼けたら上下を返し、30秒ほど焼いて揚げ網に取り出し、蒸気を逃がす。

4 器に盛り、1を適量かけ、あれば半分に切ったミニトマト適量を添える。

MEMO

ピクルスとパセリは、漬けものと青じそに替えても。タルタルソースは、冷蔵で3日間保存可。

たとえるなら、洋風親子焼き。
卵衣のおかげで、
鶏むね肉がふんわり。

ゆで卵とも違う、
白身のやわらかさに開眼！

ポーチドエッグ

材料（2個分）

卵（常温に戻したもの）… 2個

A
- 水 … 500mℓ
- 酢 … 大さじ2
- 塩 … 小さじ1

1 湯に渦を作る。

小鍋にAを入れて中火にかけて沸かし、箸で湯をくるくる混ぜ、渦を作る。

塩と酢が卵白をさっとかためます。

2 卵を3分ゆでる。

容器に割り入れた卵1個をそっと湯に入れて火を少し弱め、3分ほどゆでる。

容器から静かに入れると白身が散りにくい。箸で白身を寄せながらゆでます。

3 網じゃくしで卵をすくい、氷水にとって余分な白身を取り除く。

周囲のもろもろとした白身は手で取り除きます。

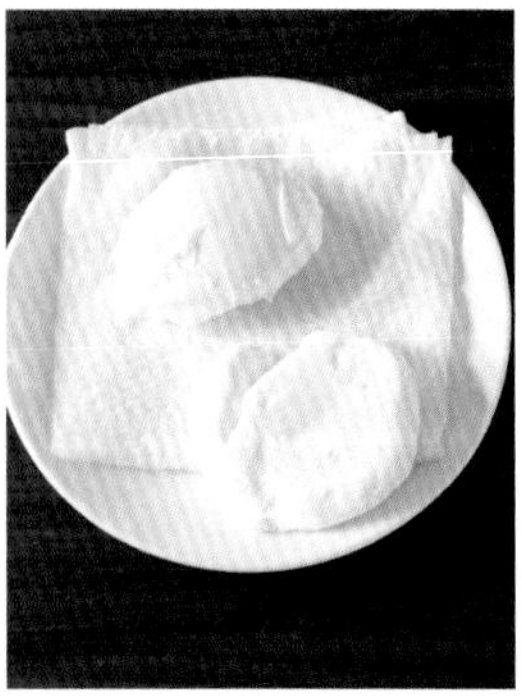

厚手のペーパーに置いて水気をきり、もう1個も同様に作る。

ポーチドエッグで

エッグベネディクト

黄身のコクを加味して、
ソースの材料はシンプルに。
とろりとした黄身が
食欲をそそります。

材料（1人分）

ポーチドエッグ…1個
イングリッシュマフィン
…½個（厚みを半分に切った下側）
スモークサーモン…2枚
〈オーロラソース（混ぜ合わせる）〉
マヨネーズ…大さじ2
トマトケチャップ…小さじ½

作り方

1 イングリッシュマフィンはトースターで焼く。

2 1にサーモン、ポーチドエッグをのせ、オーロラソースをかける。好みの野菜やピクルスなどとともに盛り合わせる。

ポーチドエッグ うずらのカナッペ

うずら卵が半端に残ったら、
ポーチドエッグに。
ゆで時間は30秒ほど。

材料（1人分）

ポーチドエッグ（うずら卵）
…3個
食パン（型で抜いてつぶしてから
トースターで焼く）…6個
ミニトマト（薄切り）…3枚
オーロラソース（上記参照）
…少々

作り方

食パンにミニトマト、ポーチドエッグをのせ、オーロラソースをかけ、食パンをのせる。

ポーチドエッグをうずら卵で作る時には、包丁で片方の先を切り落としてから、30秒ほどゆでる。

卵を入れて煮るだけ。

たまご巾着

油揚げに
卵を入れてさっと
煮るだけなのに、
「油揚げと煮る」とは違う
まったく別の
料理になります。

油揚げは油抜きすると上品に。
油抜きをしなければ、コクが出て
よりおかず感が出ます。

材料（2個分）

すし揚げ* … 2枚
卵 … 2個
〈煮汁〉
だし汁 … 100mℓ
みりん … 大さじ3
うす口しょうゆ … 大さじ2

＊すし揚げがない場合は、長方形の油揚げ1枚を半分に切って開いて袋状にする。

1 すし揚げに卵を入れる。

すし揚げに麺棒をのせ、前後に何回か転がす。

すし揚げが開きやすく、破れにくくなります。

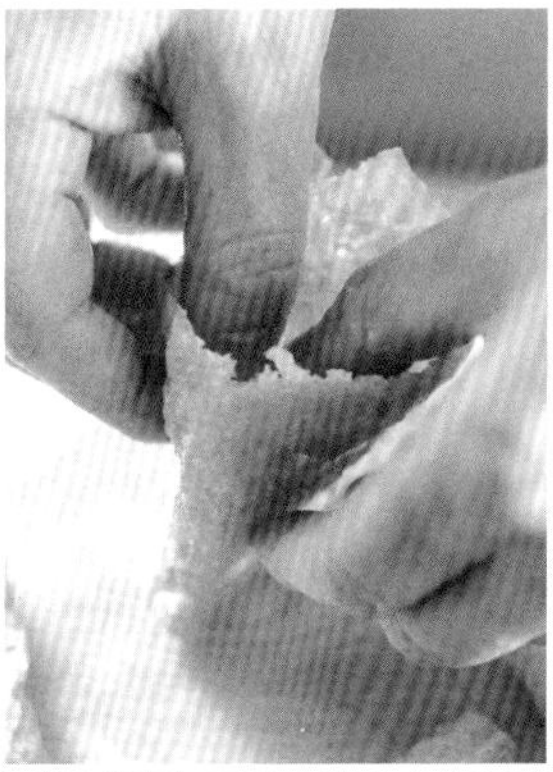

一辺を切り、袋状になるように指でそっと開く。切った端を中に入れる。

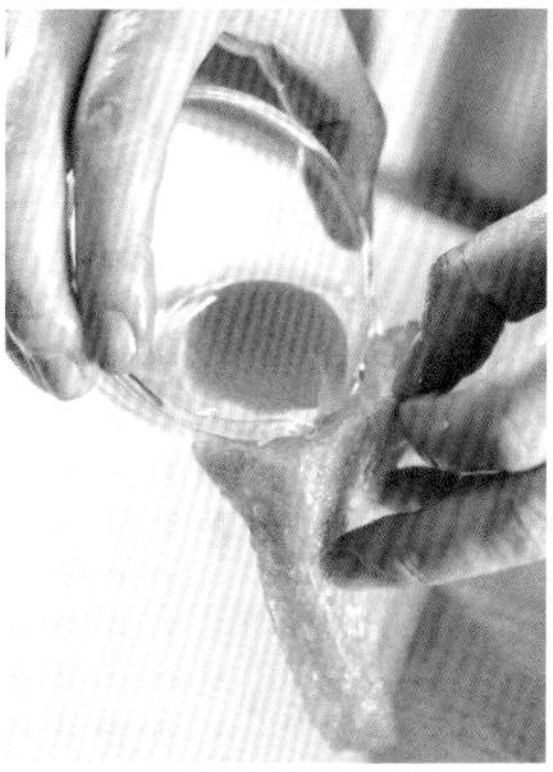

卵1個を流し入れ、つまようじで縫うようにとめる。

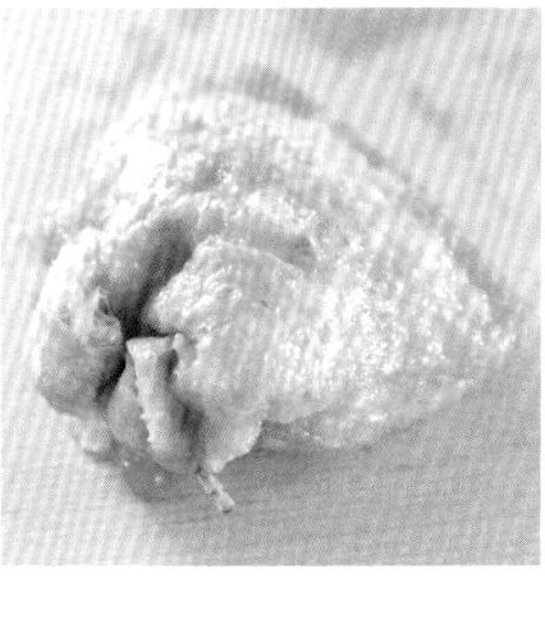

もう1個も同様に作る。

2 中火で5分煮る。

鍋に煮汁の材料、1を入れて煮立てる。ふたをして火を弱め、5分煮たら火を止め、ふたをしたまま3分おく。

しみじみした味が
なんともおいしいよね～

たまご巾着アレンジ2種

たまご巾着の具はお好みで。
ちょっと残ったおかずも活用して
手軽にいろいろなアレンジを楽しんで！

甘みのある肉料理は、卵、油揚げと
抜群の相性。

たまご巾着 牛のしぐれ煮入り

具の材料（2個分）

卵…2個
牛のしぐれ煮
…約40g

作り方

たまご巾着と同様に油揚げに具、卵を入れて煮汁で煮る。器に盛り、あれば、刻んだせりや溶き辛子各少々をあしらう。

牛のしぐれ煮の材料
（作りやすい分量）と作り方

フライパンに食べやすく切った牛こま切れ肉100gを入れ、砂糖、しょうゆ各大さじ1をかけてからめ、煮汁がなくなるまで煮る。

MEMO

牛肉の甘辛味の味つけは、牛肉約100gに対して砂糖、しょうゆ各大さじ1（1：1）が黄金比率。

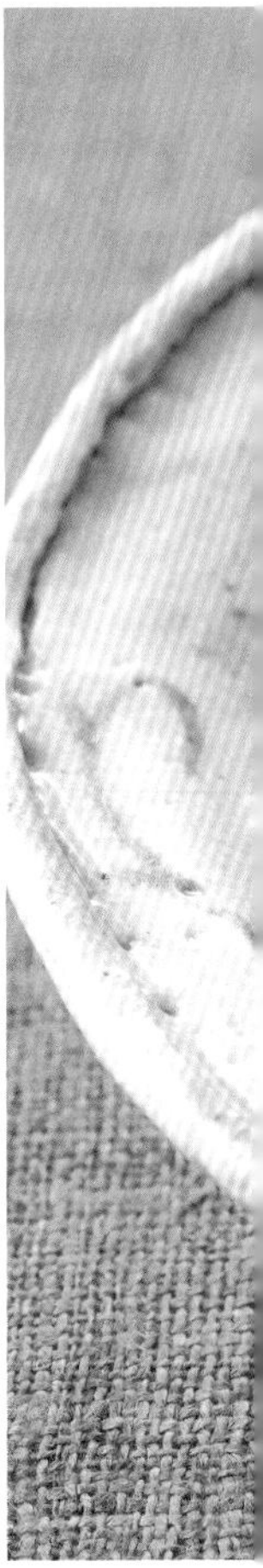

きんぴらの代わりにひじきでも。
もちもちとろりにテンションが上がる。

たまご巾着　きんぴら餅入り

具の材料（2個分）

卵…2個
きんぴらごぼう…約20g
餅（しゃぶしゃぶ用の薄切りを手で割る）…2個

作り方

たまご巾着と同様に、油揚げに具、卵を入れて煮汁で煮る。器に盛り、あれば青ねぎ（小口切り）少々をあしらう。

きんぴらごぼうの材料（作りやすい分量）と作り方

フライパンにごぼう（細切り）80g、ごま油大さじ1を入れて炒め、油が全体になじんだら、だし汁50mℓを加え、ふたをして中火で煮る。

ごぼうがやわらかくなったら、にんじん（細切り）20gを加えて中火で炒める。

にんじんに火が通ったら、みりん、うす口しょうゆ各大さじ1½を加え、汁気がなくなるまで炒める。いりごま（白）小さじ1を加えて混ぜ、火を止める。

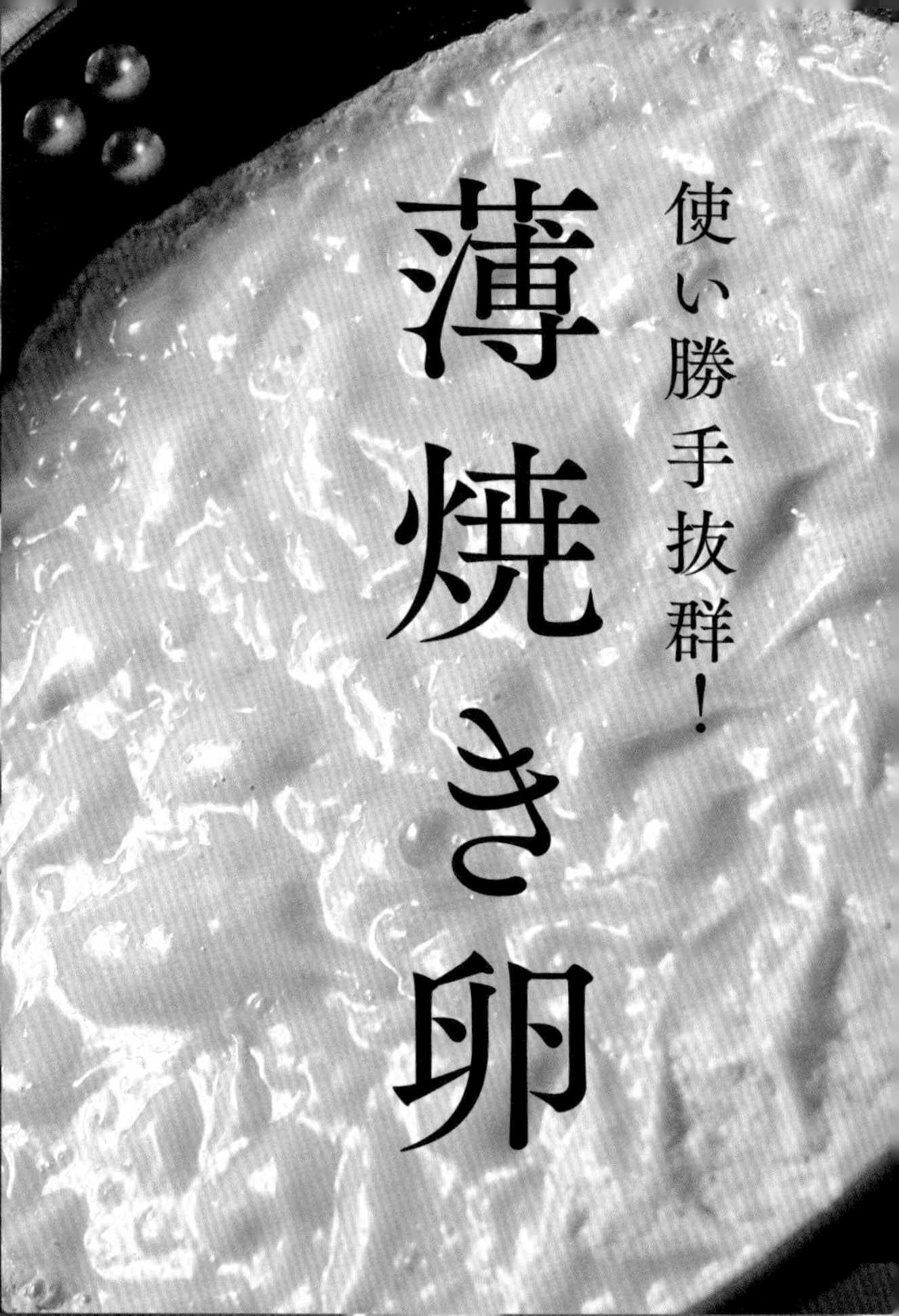

使い勝手抜群！薄焼き卵

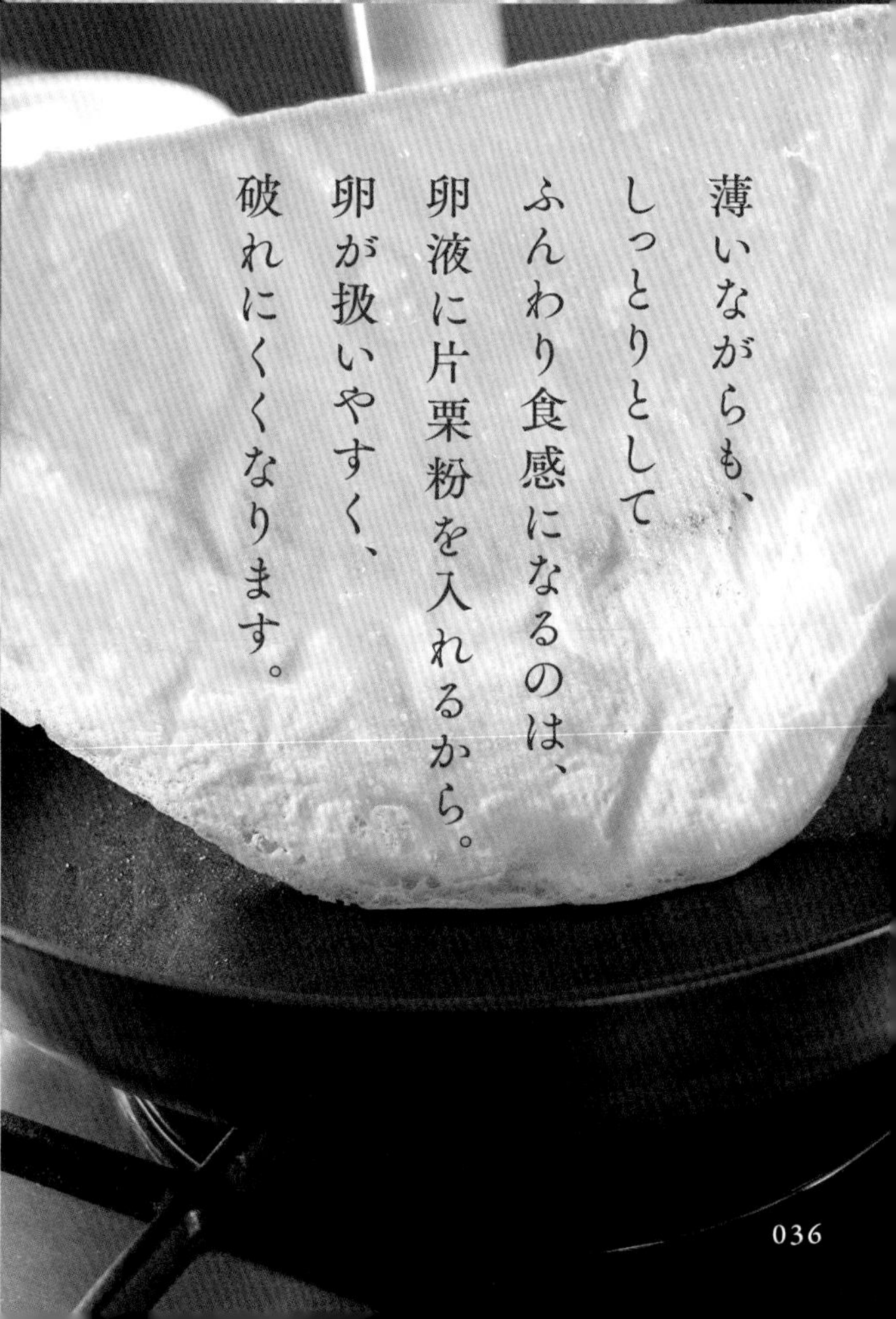

薄いながらも、
しっとりとして
ふんわり食感になるのは、
卵液に片栗粉を入れるから。
卵が扱いやすく、
破れにくくなります。

材料（3〜4枚分）

〈卵液〉

卵 … 2個

A
- 水 … 大さじ1
- 片栗粉 … 小さじ$\frac{1}{2}$
- 塩 … ひとつまみ

米油 … 適量

1 卵液を作る。

ボウルに卵を割り入れ、白身を切るように混ぜる。Aを混ぜ合わせてから加える。

卵を薄く広げて焼きたいので、白身のかたまりを切るようによく混ぜます。

2 フライパンを弱めの中火にかけ、鍋底に米油をなじませる。

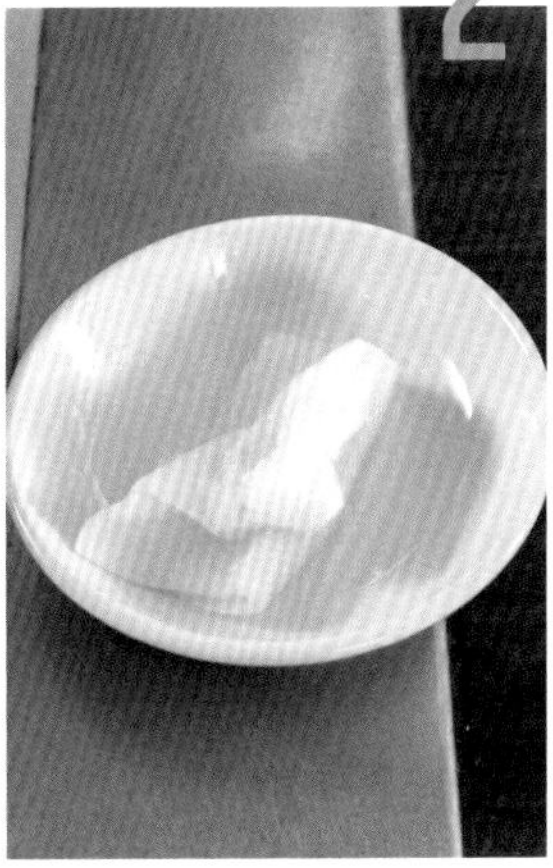

コットンに米油をたっぷりしみこませて。ペーパーより化粧用コットンのほうが油が薄く広がります。

3 卵液を入れて焼く。

卵液を再度混ぜてから、$\frac{1}{4}$〜$\frac{1}{3}$量を入れて薄くのばして焼く。

卵液の片栗粉が沈むので、混ぜてからフライパンに入れます。

卵液を入れる時の温度が低めだと、卵が薄く広がります。

ふちが白っぽくなったら、箸で上下を返して、1〜2秒焼く。まな板に取り出して広げ、冷めるまでおく。

1本の箸で持ち上げて、もう1本の箸を差し込んで、引っ張り上げると返しやすいです。

残りの卵液で同様に2〜3枚作る。

錦糸卵にする場合は、粗熱がとれたら、細切りに。

錦糸卵があれば、
見た目も鮮やか。
わざわざ作る甲斐があります。

冷やし中華

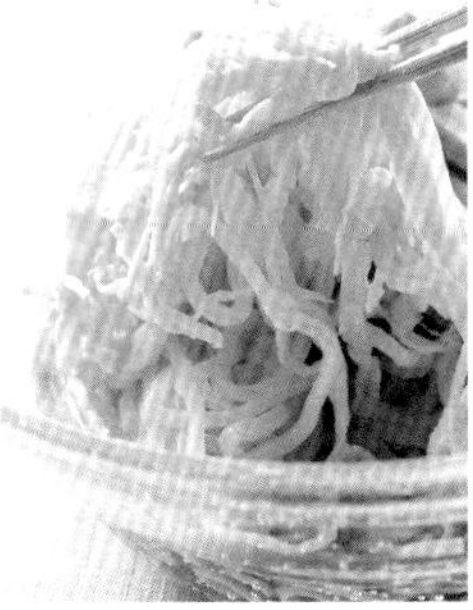

薄焼き卵を細く切ってのせるだけで
ごちそう感がアップします。

材料（2人分）

薄焼き卵…3〜4枚
中華蒸し麺…2玉
焼き豚（細切り）…80g
きゅうり（細切り）…1本（100g）
〈たれ（混ぜ合わせる）〉
うす口しょうゆ、酢、砂糖
…各大さじ3
ごま油…小さじ1

作り方

1 錦糸卵を作る。薄焼き卵は半分に切って丸め、細切りにする。

2 麺は袋の表示通りにゆで、冷水で洗って氷水でしめ、水気をきる。

3 器に2を半量ずつ盛り、焼き豚、きゅうり、1を半量ずつのせる。たれを半量ずつかけ、好みで溶き辛子少々を添える。

ふくさずし2種

すし飯さえあれば、具は何でも。のりでも
刻んだ漬けものでも。あとは薄焼き卵で包むだけ。

材料（6個分）

薄焼き卵…3枚
抹茶薄焼き卵*…3枚
米油…適量
すし飯（P43参照）…米1合分
A ちりめんじゃこ…大さじ1
　いりごま（白）…大さじ½
桜の花の塩漬け
…3個（5g）

＊薄焼き卵（P36）の材料に抹茶小さじ½を加えて同様に焼く。

作り方

1 桜の花の塩漬けはさっと洗って水に1分つけ、水気をきって刻む。

2 すし飯の半量にAを混ぜ、3等分にして丸い形にまとめる。抹茶薄焼き卵1枚に1個をのせて包み、平たくなるように軽くつぶす。同様に計3個作る。

3 残りのすし飯に1を混ぜ、3等分にして丸い形にまとめる。薄焼き卵1枚に1個をのせて包み、平たくなるように軽くつぶす。同様に計3個作る。

4 器に2と3を交互に盛り、あれば紅しょうが（薄切り）少々を添える。

よそ行きのおすしは、
意外にかんたん。
薄焼き卵にすし飯をのせて
パタパタ包むだけ。

薄焼き卵とすし飯は、
抜群の組み合わせ。
具は好みのものでも
大概おいしく仕上がります。

ちらしずし

干ししいたけは濃厚なうまみ、にんじんは彩りに。
同じ煮汁で煮える最小限の具で、満足の味に。

材料（2人分）

干ししいたけ … 3～4枚（5g）
A｜砂糖、酒 … 各大さじ1
　｜干ししいたけの戻し汁 … 50mℓ
しょうゆ … 大さじ1
にんじん（細切り）… 30g
薄焼き卵 … 2枚
すし飯 … 米1合分
ゆでえび（粗みじん切り）、
　えんどう豆（ゆでたもの）… 各適量

作り方

1 干ししいたけは水につけて冷蔵庫に一晩おいて戻す。軸を切り落とし、かさは薄切りにし、戻し汁はとっておく。

2 小鍋に1のしいたけとAを入れて中火にかける。煮立ったら火を少し弱め、3分煮る。しょうゆを加え、5分煮たらにんじんを加え、ふたをしてさらに5分ほど煮る。にんじんに火が通ったら、火を少し強め、汁気をとばすように煮つめ、火を止めてそのまま冷ます。

3 錦糸卵を作る。薄焼き卵を半分に切って丸め、細切りにする。

4 すし飯に2を混ぜ、器に盛る。錦糸卵をのせ、えびとえんどう豆をちらす。

すし飯の材料（作りやすい分量）

米 … 1合
昆布（3cm四方）… 1枚

〈すし酢（混ぜ合わせる）〉
酢 … 40mℓ
砂糖 … 大さじ2
塩 … 小さじ⅔

作り方

炊飯器に洗った米、すし飯の目盛りまで水を入れ、昆布を入れて炊く。炊きあがったらボウル（または盤台）に移し、ご飯が熱々のうちにすし酢を回しかけ、しゃもじで切るように混ぜて、粗熱をとる。

春雨サラダ

あっさり甘酢味が
根強い人気の春雨サラダ。
色紙に切った薄焼き卵でよりおいしく。

春雨は水で戻す必要なし。
煮汁で煮て蒸らすだけで
芯まで味がしみしみに。

材料（2人分）

薄焼き卵 … 1〜2枚
春雨（乾物）… 50g
A | 砂糖、酢、
　うす口しょうゆ、
　… 各大さじ2
　水 … 150mℓ
きゅうり … ½本（50g）
ハム … 1枚（30g）

作り方

1. フライパンにAを入れて混ぜ、春雨を加えて中火にかける。煮立ったら、箸で全体を混ぜながら3分ほど煮る。火を止め、ふたをしてそのまま蒸らしながら冷ます。
2. きゅうりはスライサーで薄切りにし、塩ひとつまみをまぶして3分ほどおいて、水気をしぼる。
3. 薄焼き卵とハムは色紙切りにする。
4. 器に1を盛り、2、3を盛り合わせ、あれば赤唐辛子（小口切り）少々をあしらう。

少し時間がかかっても、
作る値打ちのある料理。
口の中で広がる幸せの味。

卯の花ふりかけ

材料（作りやすい分量）

A
- おから…100g
- 卵…1個
- 砂糖…大さじ4
- 塩…ひとつまみ

水…150mℓ目安
酢…大さじ3

＊冷蔵で2週間保存可。
＊温かいご飯の上にかけてもおいしい。

作り方

1 表面加工のフライパンにAを入れ、ヘラでよく練り混ぜる。

よく混ぜて卵と調味料をおから全体になじませてから、水を混ぜます。

2 水を加えて混ぜながら中火にかけて混ぜ、途中、焦げつきそうなら火を少し弱め、絶えずヘラで混ぜる。

水はまず120mℓを入れ、このくらいのとろみになるまで加えます。

3 水分をとばしながら混ぜ、サラサラになったら、火を止める。

ヘラで3〜4回押しつけて底から1〜2回混ぜる、を繰り返します。

4 酢を加えてよく混ぜ、再び弱めの中火でサラサラになるまで2〜3分混ぜる。バットに移して冷ます。

酢の酸味がとばないようにおからがサラサラになったら加えます。

ゆるゆるとろり。

卵とじ

とろりとした卵を
味わう卵とじ。
卵は一瞬にして火が入るので、
思うより、ほんの少し早めに
火を止めます。

油揚げとねぎの卵とじ

材料（1人分）

卵…1個
油揚げ（3cm幅に切る）…50g
白ねぎ（斜め薄切り）…1本（80g）
A｜だし汁…80mℓ
　｜みりん、うす口しょうゆ
　｜…各大さじ1

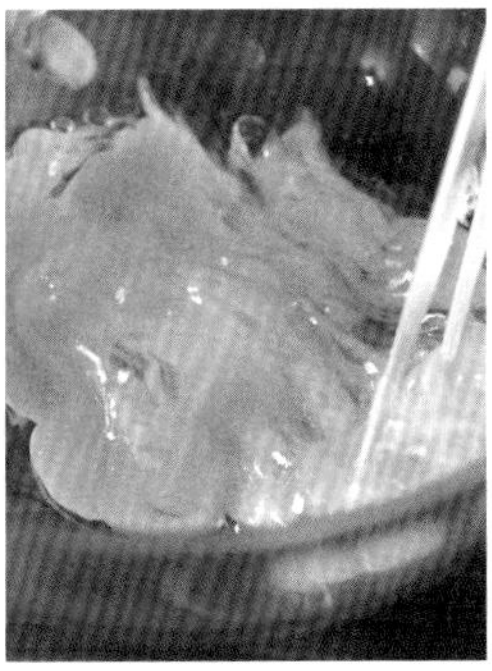

粗く溶くか
よく溶くかは
お好みで

1 フライパンに油揚げ、Aを入れて中火にかける。

先にお揚げさんをやわらかく煮て、だしの味を入れます。

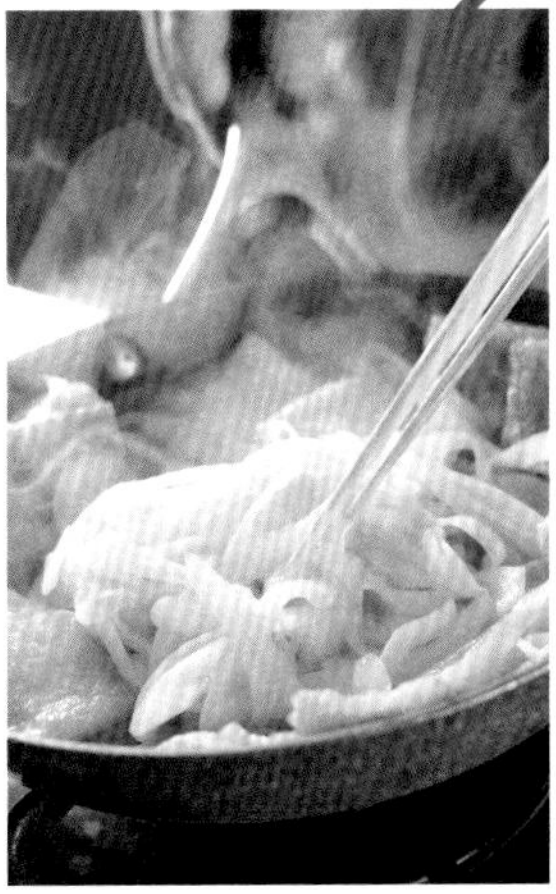

2 煮立ったら、白ねぎを加えて2分ほど煮る。煮ている間に卵をざっと溶く。

卵を入れると一瞬で火が通るので、具をおいしく煮てから卵を加えます。

3 卵でとじる。

ねぎがしんなりとしたら、溶き卵を回し入れ、箸でざっと混ぜて、すぐ火を止めます。

早いかな？と思うくらいで火を止めれば、
食べる時には絶妙なゆるゆる加減！

高野豆腐の新定番！
あふれるだし汁、
トマトの酸味が卵に合う。

ミニトマトと高野豆腐の卵とじ

ミニトマトはフレッシュ感を生かしたいので、高野豆腐をしっとり煮てから、加えます。

材料（2人分）

卵…2個
高野豆腐（乾物）…2枚
ミニトマト…12個（180g）
A　だし汁…300mℓ
　　砂糖、うす口しょうゆ
　　　…各大さじ2

作り方

1　高野豆腐は水につけて芯まで戻し、2〜3回水を替えて洗い、水気をしっかりしぼって8等分に切る。

2　鍋にAを入れて中火にかける。煮立ったら、1を入れ、ふたを少しずらしてのせ、15分煮る。ミニトマトを加え、皮がはじけたら、溶いた卵を回し入れ、鍋をゆすりながら半熟に仕上げる。器に盛り、あれば粗びき黒こしょう少々をふる。

MEMO

高野豆腐は戻さず煮えるものも多いのですが、小さく切る時や、あっさり仕上げたい時には水で戻して使います。

親子丼

この作り方なら、
鶏肉はやわらか、卵はふわとろ。
黄身と白身が混然一体の
おいしさに。

溶き卵を入れた後は、フライパンをゆすりながら
火を入れると、卵がふわふわに。

材料（1人分）

A
- 鶏もも肉（小さめの一口大に切る）… 100g
- 玉ねぎ（薄切り）… 50g
- だし汁 … 100mℓ
- うす口しょうゆ、みりん … 各大さじ1½

天かす（揚げ玉）… 大さじ2
卵 … 2個
温かいご飯 … 適量

作り方

1 フライパンにAを入れて中火にかける。鶏肉に火が通ったら、天かすを加え、溶いた卵を回し入れ、フライパンをゆすって半熟に仕上げる。

2 器にご飯を盛り、1をのせ、好みで粉山椒少々をふる。

牛肉となすの柳川風

なすが煮えたら、
卵を回し入れてふんわり仕上げます。

材料（1人分）

牛こま切れ肉…50g
なす…1本（100g）
卵…1個
A｜だし汁…100mℓ
｜うす口しょうゆ、みりん
｜…各大さじ1½

作り方

1 なすは長さを半分に切り、皮つきのまま5㎜厚さに切って水にさらし、水気をきる。牛肉は食べやすい大きさに切る。

2 小さめの土鍋（またはフライパン）にAを入れて中火にかける。煮立ったら、牛肉を入れて箸でほぐす。ひと煮立ちしたらアクを取り、なすを放射状に並べ入れ、ふたをする。

3 3分ほど煮てなすに透明感が出てきたら、溶いた卵を回し入れ、再びふたをし、火を止める。卵が半熟になったら、あれば青ねぎ（小口切り）少々をのせ、好みで七味唐辛子少々をふる。

ふわふわの卵ぞうすいは、
究極の癒やしの味わい。

卵ぞうすい

控えめのご飯に、だしをたっぷり含ませて煮ます。
関西風のぞうすいは、ふっくらやわらかに。

材料（1人分）

卵…1個
だし汁…200㎖
ご飯…80g
うす口しょうゆ
…小さじ1

作り方

1 小鍋にだし汁、ご飯を入れて中火にかける。煮立ったら火を弱め、ふたを少しずらしてのせ、5分ほどご飯がやわらかくなるまで煮る。

2 うす口しょうゆで味を調え、フツフツと煮えているところに溶いた卵を回し入れる。ふたをして火を止め、1〜2分おいて余熱で好みの半熟に火を通す。器に盛り、あれば、おろししょうが少々をあしらう。

落とし卵のミネストローネ

蒸し煮で野菜の甘み、
うまみをしっかり引き出し、
まろやかな卵のコクでごちそう感を。

汁ものの落とし卵は1個ずつ入れ、3分おいて余熱で火を通す。みそ汁も同様です。

材料（2〜3人分）

卵（常温に戻したもの）…2〜3個

〈ミネストローネ〉

A
- トマト…1個（200g）
- 玉ねぎ…½個（100g）
- じゃがいも…1個（100g）
- にんじん、セロリ…各30g
- ベーコン…1枚（20g）

にんにく（みじん切り）…少々

オリーブオイル…大さじ½

水…50mℓ

B
- 水…150mℓ
- 鶏ガラスープの素（顆粒）…小さじ2
- 塩…小さじ½

作り方

1 ミネストローネを作る。Aはそれぞれ1㎝角に切る。鍋にオリーブオイル、にんにく、ベーコンを入れて炒める。油になじんだら、Aの野菜を加えて炒め、全体がなじんだら、水を加えてふたをし、弱めの中火で5分蒸し煮にする。Bを加えて再びふたをし、10分煮る。

2 食べる前に熱々に温めた1の鍋に、卵を1個ずつ割り入れ、ふたをして火を止め、そのまま3分おく。器に盛り、あればセロリの葉少々をあしらう。

余熱でとろり。

たまご炒め

たまご炒めは、
炒めた具材と調味料を
卵ひとつですべてまとめる
魔法の料理法です。

白ねぎのたまご炒め

材料（1人分）

卵…1個
白ねぎ（斜め薄切り）
…1本（80g）
米油…小さじ2
塩…ひとつまみ
水…大さじ1

卵を入れたら、
一瞬で仕上がるたまご炒め。
具がおいしくなってから、
卵を入れる。
ざっと混ぜたら、すぐ火を止める。
コツはそれだけ。

1 卵を溶きほぐす。

たまご炒めは白身がとろりとからむのがおいしいので、卵は溶きすぎずに。

2 具を炒める。

フライパンに米油を入れて中火で白ねぎを炒め、油がなじんだら塩、水を加えてさらに炒める。

卵を入れる前にねぎを炒めてしっかり甘みを出しておきます。
野菜の炒めものは、少なめの油で炒め、少量の水を加えて高熱を全体に回すと、野菜が早くしんなりし、甘くなります。

3 卵をからめる。

ねぎがしんなりとしたら、溶いた卵を回し入れ、箸でざっと混ぜてすぐに火を止め、半熟に仕上げる。

余熱で火が入るので食べる頃には
とろりとちょうどいい加減に

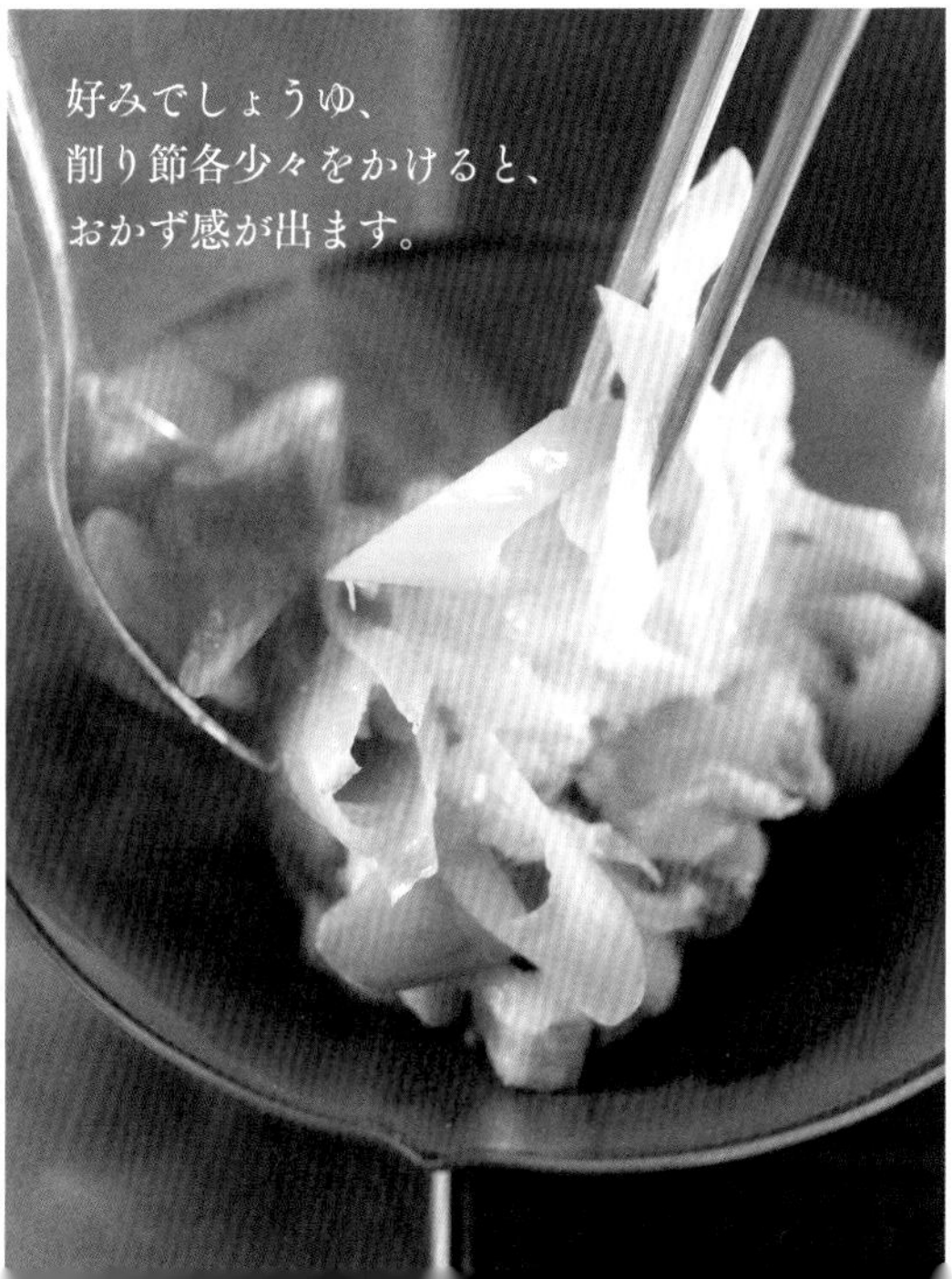

好みでしょうゆ、
削り節各少々をかけると、
おかず感が出ます。

ゴーヤのたまご炒め

ゴーヤはわたも種も食べられます。
食感の違いを楽しんで。

ゴーヤはわたごと炒めると、
とろりとした食感がおいしい。

材料（2人分）

卵…1個
ゴーヤ…½本（100g）
豚ロース薄切り肉
…50g（1〜2枚）
塩、こしょう
…各少々
米油…大さじ1
酒、うす口しょうゆ
…各大さじ1

作り方

1 ゴーヤはわたと種をつけたまま5㎜厚さの輪切りにする。豚肉は細切りにし、塩、こしょうをふる。

2 フライパンに米油を入れて中火で豚肉を炒め、火が通ったらゴーヤ、酒を加えて炒める。ゴーヤがしんなりしたら、うす口しょうゆを加えて混ぜ、溶いた卵を回し入れ、箸でざっと混ぜてすぐに火を止め、半熟に仕上げる。器に盛り、好みで削り節少々をかける。

セロリとツナのたまご炒め

材料（2人分）

セロリ（斜め薄切り）
…1本（80g）
ツナ（油漬け）…1缶（70g）
うす口しょうゆ…小さじ1
A（混ぜ合わせる）
｜卵…1個
｜マヨネーズ…大さじ1

作り方

1 フライパンにツナの油、セロリを入れて中火で炒める。

2 セロリがしんなりとしたら、ツナを加えてざっと混ぜる。うす口しょうゆを加え、Aを回し入れて箸でざっと混ぜてすぐに火を止め、半熟に仕上げる。器に盛り、好みで粗びき黒こしょう少々をふる。

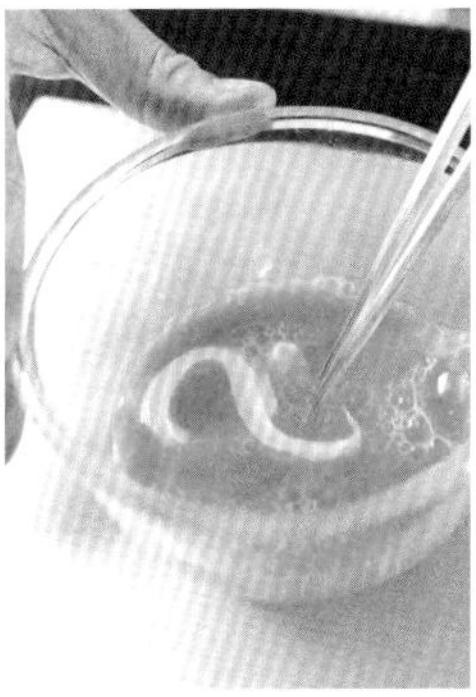

溶き卵にマヨネーズを混ぜると卵がふんわりしてコクが出ます。

ツナ缶と卵のコクで、
セロリのクセがやわらぎ、食べやすく。

焼きトマトのたまご炒め

トマトと卵は最強タッグ。
トマトの酸味で爽やかな一皿に。

トマトは大きく切って
ジューシーに。
炒め途中で皮が取れるから、
湯むきいらず。

材料（1〜2人分）

卵…1個
トマト…1個（200g）
塩…少々
オリーブオイル
…小さじ2
しょうゆ
…小さじ½
おろししょうが…少々

作り方

1 トマトはへたをくりぬき、横半分に切って、断面に塩をふる。

2 フライパンにオリーブオイルを熱し、1の断面を下にして入れ、ふたをして中火で焼く。2分焼いたら上下を返し、再びふたをして1分焼く。

3 トマトの皮を箸で除き、溶いた卵を回し入れ、箸でざっと混ぜてすぐに火を止め、半熟に仕上げる。器に盛り、しょうゆをかけ、しょうがをあしらう。

にらはんぺんたまご炒め

材料（1〜2人分）

にら（3㎝長さに切る）
…3〜4本

はんぺん（一口大にちぎる）
…½枚（60g）

ごま油…小さじ1

A（混ぜ合わせる）
卵…2個
塩…ひとつまみ

作り方

フライパンにごま油、はんぺんを入れて中火で焼く。焼き色がついたら、にらを加えてさっと炒める。Aを回し入れ、箸でざっと混ぜてすぐに火を止め、半熟に仕上げる。

手早くできるのに
このおいしさが便利な一品。
ご飯にのせても。

はんぺんはおいしそうに焼き色をつけます。
ちぎると卵がからみやすくなります。

えびのたまご炒め

焼いたえびは食欲をそそるいい香り。
彩りのきれいさもごちそうです。

卵に鶏ガラスープを混ぜるだけで、手軽に中華風のたまご炒めのできあがり。

材料（2人分）

えび（殻つき）
…小10〜12尾（120g）

A
- ごま油 …大さじ1
- 白ねぎ（粗みじん切り）…20g
- しょうが（みじん切り）…小さじ½

B（混ぜ合わせる）
- 卵…2個
- 鶏ガラスープの素（顆粒）…小さじ1

作り方

1 えびは下処理をする。

2 フライパンを熱し、Aを順に入れてさっと中火で炒め、えびを並べ入れる。えびの両面をこんがりと焼き、Bを回し入れ、箸でざっと混ぜてすぐに火を止め、半熟に仕上げる。あれば青じそ（ざく切り）少々をのせる。

MEMO

えびの下処理

えびは殻をむいて竹串で背ワタを取り、ボウルに入れる。片栗粉小さじ1、水大さじ1を加えてもむ。汚れが出てきたら水で洗い、ペーパーで水気をふき、塩少々をふってもむ。

2色炒めたまご

卵の食感の違いを
エスニックな風味で楽しんでください。

白身、黄身それぞれを別々に
炒める彩りのいいたまご炒め。
火入れは8割にしてふんわりと。

材料（作りやすい分量）

卵…3個
塩…適量
ごま油…小さじ2
A（混ぜ合わせる）
　しょうゆ…大さじ1
　酢…小さじ2
　砂糖…小さじ1
　ごま油…小さじ½
　おろしにんにく、
　　粉唐辛子
　　…各少々

作り方

1 卵は黄身と白身に分け、塩ひとつまみずつを加えて溶きほぐす。

2 フライパンにごま油小さじ1を中火で熱し、白身を回し入れる。箸でかき混ぜ、粗めの炒めたまごを作り、バットに取り出す。

3 2のフライパンにごま油小さじ1を足し、同様に黄身の炒めたまごを作って2を戻し入れ、Aを加えてざっと混ぜて火を止める。器に盛り、あれば細ねぎ（小口切り）少々をちらす。

arrange

そぼろ3色弁当

炒りたまごには、だしで溶いた片栗粉を。
ふんわり食感に驚きます。

材料（2人分）

A
- 鶏ひき肉（もも）…200g
- しょうが（みじん切り）…小さじ1
- みりん、うす口しょうゆ
  …各大さじ1

B
- 絹さや（ゆでて細切りにする）…10枚
- 塩…ひとつまみ
- ごま油、いりごま（白）…各少々

卵…3個

C（混ぜ合わせる）
- だし汁…50mℓ
- 片栗粉、うす口しょうゆ…各小さじ1

米油…小さじ2

ご飯…適量

作り方

1 フライパンに**A**を入れ、へらで混ぜて調味料をひき肉に吸わせてから火にかけて炒める。鶏肉に火が通り、汁気がなくなったら、バットに移す。

2 ボウルに**B**を入れてあえる。

3 別のボウルに卵を溶きほぐし、**C**を加えてよく混ぜる。

4 **1**のフライパンをきれいにして、米油を中火で熱し、**3**を流し入れる。箸で全体をかき混ぜながら8割ほど火が通ったら火を止め、さらに箸で混ぜ、余熱で完全に火を通す。

5 弁当箱にご飯を詰め、**1**、**2**、**4**をのせ、あれば紅しょうが（細切り）少々をあしらう。

大体8割くらい火が通ったところで火を止めるとパサつきません。火を止めた後、箸で混ぜながら、完全に火を通します。

人気弁当が確実においしくなる！
ふわふわ炒りたまごが味の決め手。

家で作れると、幸せ。

ふわとろオムレツ

生クリームでなく牛乳で。
バターでなく、
オリーブオイルで
焼くから、軽い仕上がり。

材料（1個分）

卵…3個
牛乳…大さじ1
塩…ひとつまみ
オリーブオイル…小さじ2

1 卵はよく溶きほぐし、牛乳、塩を加えてよく混ぜる。

卵は箸で持ち上げ、白身のかたまりがなくなるまで、切るように混ぜます。卵に牛乳を入れて混ぜると、仕上がりがふんわり。

2 オリーブオイルを弱めの中火で熱し、1の卵液を一気に流し入れる。

オムレツ作りには、直径20㎝くらいのフライパンがおすすめ。
温度が高いとふちが焦げ、卵液もすぐにかたまるので、ゆるくジューという音がする程度の火加減で。

3 焼きながら、形をととのえる。

フライパンをゆすりながら、箸で素早く全体を絶えずかき混ぜ、スクランブルエッグを作るイメージで。

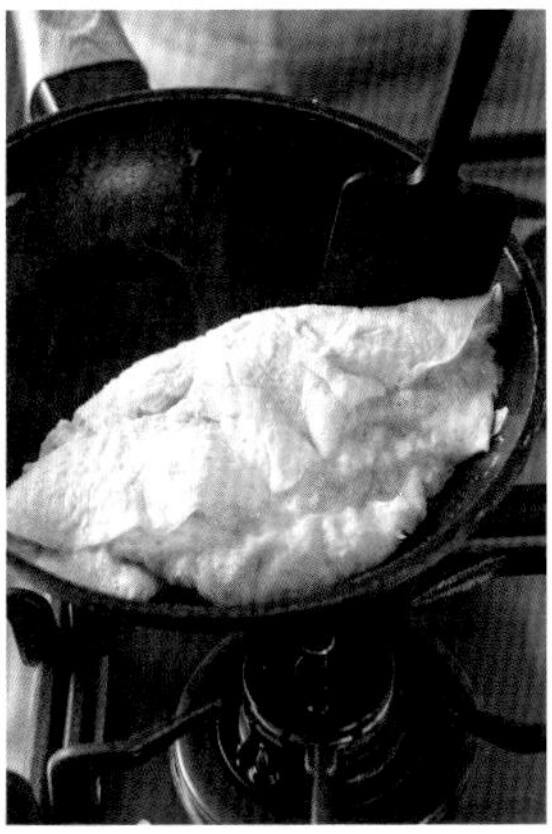

半熟になったら、すぐに火からはずしてへらに持ち替え、2つに折るようにして端に寄せ、形をととのえます。

やわらかいので、
器に直接移します。
できたてを
すぐ食べるのも
コツのうち。

お手軽でも、オムレツが何倍もおいしくなる ソース4選

フレッシュなトマトに
ケチャップを。
コクが出てやわらかい味に。

トマト&ケチャップ

トマト½個（100g）は1㎝角に切ってボウルに入れ、トマトケチャップ小さじ½、塩小さじ¼を加えて混ぜる。
ソース適量をかけて好みでハーブ（セルフィーユなど）少々を添える。

MEMO

トマト&ケチャップソースは混ぜてから少しおくと、トマトから水分が出てよりソースっぽくなります。

炒めた漬けもののコクと
和の香り、食感が
卵の風味を引き立てる。

じゃこ漬けもの

フライパンにごま油大さじ1、ちりめんじゃこ10gを入れて中火で炒める。ちりめんじゃこがチリチリしたら、好みの漬けもの*（粗みじん切り）100gを加え、油がなじむまで炒める。しょうゆ大さじ½、すりごま（白）大さじ1を加え、全体を混ぜて火を止める。
ソース適量をかける。

*漬けものは、すぐき、高菜漬けのような少し酸味のあるものがよく合います。
*冷蔵で10日間保存可。

明太マヨソース

うす皮を除いた明太子30g、マヨネーズ40gを混ぜ合わせる。
ソース適量をかけ、あれば木の芽少々を添える。

柚子こしょうクリーム風

プレーンヨーグルト(無糖)大さじ6、柚子こしょう小さじ2、塩ひとつまみを混ぜる。

ソース適量をかける。

誰もが大好きな〝ド定番〟の
チキンライス。
シンプルさがぐっとくる味。

懐かしオムライス

ケチャップを炒めてから、
ご飯と炒めるのが正解。

材料（2人分）

卵…4個

〈チキンライス〉

鶏もも肉（1.5cm角に切る）…70g

A | 玉ねぎ（5mm角に切る）…70g
 | ピーマン（粗みじん切り）…20g

トマトケチャップ…大さじ3

温かいご飯…250g

作り方

1 チキンライスを作る。鶏肉は塩、こしょう各少々をふる。フライパンにオリーブオイル小さじ2を入れて鶏肉を中火で炒め、火が通ったら、Aを加えてへらで炒める。玉ねぎがしんなりとしたら、ケチャップを加え、水分をとばすように炒める。ケチャップの色が濃くなったら、ご飯を加え、全体になじませるように押さえつけながら炒める。塩ひとつまみを加えて味を調える。

2 オムライスを1個ずつ作る。ボウルに卵2個を割り入れ、塩ひとつまみを加えて白身を切るように混ぜる。

3 フライパン（直径約24cm）にオリーブオイル小さじ1を中火で熱し、卵液を流し入れて箸でかき混ぜ、卵が半熟になったら、1の半量を卵の真ん中より少し手前にのせる。卵を二つ折りにしてチキンライスにかぶせ、フライパンの側面を使って形をととのえ（写真左）、上下を返しながら器にのせる（写真右）。もう1個も同様に作る。好みでケチャップ適量をかける。

ドレスオムライス

材料（1人分）

卵…2個
オリーブオイル…小さじ1
A（混ぜて片栗粉を溶く）
牛乳、片栗粉…各小さじ2
塩…ひとつまみ
炊き込みチキンライス（下記）…適量
〈ソース（混ぜ合わせる）〉
中濃ソース…大さじ3
トマトケチャップ、水…各大さじ2

作り方

1 器に炊き込みチキンライスを盛る。

2 卵はよく溶きほぐし、Aを加えて混ぜる。フライパン（直径約20㎝）にオリーブオイルを中火で熱して卵液を入れ、ふちがかたまってきたら、箸で卵の奥と手前からつまんで中央に寄せ、フライパンを90度ほど回してドレープを作る。チキンライスにのせ、ソース適量をかける。

対角線上の2点から箸でつまんで寄せて（写真左）、箸で回転させながら、ひだを寄せる。大人数の時は、チキンライスを炊き込みに！

炊き込みチキンライス

材料（4～5人分）

米…3合
鶏もも肉（1.5㎝角に切る）…150ｇ
A 玉ねぎ（5㎜角に切る）…150ｇ
ピーマン（粗みじん切り）…60ｇ
トマトケチャップ…100㎖
B 鶏ガラスープの素（顆粒）…大さじ1
塩…小さじ½

作り方

1 鶏肉は塩、こしょう各少々をふる。フライパンにオリーブオイル大さじ1を入れ、鶏肉を中火で炒める。火が通ったら、Aを加えて炒め、玉ねぎがしんなりとしたら、ケチャップを加えて水分をとばすようにしっかりと炒める。ケチャップの色が濃くなったら火を止める。

2 5合炊き以上の炊飯器に洗った米を入れ、少なめに水加減をしてBを加えてひと混ぜし、1をのせ、普通に炊く。

やさしい味のチキンライスに
ふんわりのったオムレツが華やか。
デミグラス風ソースで
ごちそう感アップ。

台湾風卵焼き

切り干し大根の食感、うまみ、食欲そそるいい香り。
焼き時間は3〜4分でふわふわに。

材料（2〜3人分）

卵…3個
切り干し大根（乾物）…30g
干しえび…5個

A
オイスターソース…小さじ1
塩…ひとつまみ

B
ごま油…大さじ2
にんにく（みじん切り）、しょうが（みじん切り）…各小さじ½

MEMO

野菜を引き立てる卵焼きだから、卵は多すぎず、野菜をまとめるためのつなぎ程度の量で。焼き色もつけたほうがおいしい。

作り方

1. ボウルに切り干し大根、たっぷりの水を入れ、しっかり戻るまで10〜15分つける。別のボウルに干しえび、水70〜80㎖を入れ、10〜15分つける。
2. 切り干し大根の水を替えてさっと洗い、水気をしぼり、2㎝幅に切る。干しえびも水気をきり、粗く刻む。
3. 別のボウルに卵を割り入れ、白身を切るように混ぜ、**A**を加えてよく混ぜる。
4. フライパン（直径約20㎝）に**B**、干しえびを入れて中火で炒め、香りが立ったら、**2**の切り干し大根を加えて炒め、**3**を流し入れ、箸で全体をざっと混ぜる。ふたをして弱火にし、卵がかたまるまで3〜4分焼く。ふたをはずして上下を返し、さらに3分焼いて火を止める。食べやすく切って器に盛り、あればパクチー適量を添え、好みで粉唐辛子少々をふる。

スパニッシュオムレツ

レンチン技で時短！ほくほくじゃがいもと
甘い玉ねぎで、素朴で食べ飽きない味。

材料（2〜3人分）

卵…3個
じゃがいも
…1〜2個（正味150g）
玉ねぎ（薄切り）、
コンビーフ…各30g
塩…ひとつまみ
オリーブオイル…小さじ2

作り方

1 じゃがいもは皮をむき、縦4等分に切ってから5㎜幅に切る。耐熱ボウルに玉ねぎとともに入れ、ラップをして電子レンジに3分かけ、粗熱がとれるまでおく。

2 ボウルに卵を割り入れて白身を切るように混ぜ、コンビーフをほぐしながら入れて混ぜる。塩、1を加えてさらに混ぜる。

3 フライパン（直径約20㎝）にオリーブオイルを中火で熱し、2を流し入れ、箸で全体をざっと混ぜる。ふたをして弱火にし、卵がかたまるまで3〜4分焼く。ふたをはずして上下を返し、さらに3分焼いて火を止める。食べやすく切って器に盛り、あればイタリアンパセリやミニトマト（半分に切る）各少々を添え、好みで粗びき黒こしょう少々をふる。

MEMO

コンビーフがない場合は、ベーコン（刻む）を同分量でも。

ノルマンディオムレツ

ふわふわ食感が新鮮。
フレンチ気分でウキウキです！

材料（2人分）

卵…2個
砂糖…小さじ½
塩…ひとつまみ
バター…10g
〈ソース〉
バター…10g
玉ねぎ（粗みじん切り）…20g
まいたけ…60g
小麦粉…小さじ2
牛乳…120mℓ
塩…ひとつまみ

MEMO

焼きあがるとすぐにしぼむのですぐ食べてください。中はとろり、ソースは「まるで牡蠣」の味。ちょっとしたサプライズソースです。

作り方

1 ソースを作る。フライパンにバターを中火で熱し、へらで玉ねぎをさっと炒める。まいたけは手でほぐしながら加え、ふたをして火を少し弱め、しんなりするまで蒸し焼きにする。小麦粉を加え、粉っぽさがなくなるまで炒め、牛乳を少しずつ加えてなじませ、塩をふって中火にして混ぜる。フツフツとし、とろみがついてきたら火を止める。

2 卵を白身と黄身に分ける。大きめのボウルに白身、砂糖を入れ、ハンドミキサー（またはハンドブレンダー）でツノが立つまで泡立て、塩を加えて混ぜる。焼く直前に、黄身を加えてへらでよく混ぜる。

3 フライパン（直径約20㎝）にバターを弱火で温めて溶かし、2を流し入れ、へらで表面を平らにならし、ふたをして3〜4分焼く。ふくらんできたら、ふたをはずし、表面の水分をとばすようにして1〜2分焼く。

4 二つ折りにして器に盛り、1をかけ、好みで粗びき黒こしょう少々をふり、あればパセリ少々を添える。

材料（容量約100㎖の耐熱容器2個分）

玉ねぎ（薄切り）… 30g
ベーコン（1㎝幅に切る）… 15g
ほうれん草（ゆでて3㎝幅に切る）
　… 1〜2株（約30g）
オリーブオイル … 小さじ1
バター… 5g
A（混ぜ合わせる）
　卵 … 1個
　牛乳 … 50㎖
　うす口しょうゆ … 小さじ½
シュレッドチーズ … 10g

作り方

1 フライパンにオリーブオイルを入れて中火で玉ねぎを炒める。しんなりとしたらベーコンを加えて炒め、ほうれん草、バターを加えてさらに炒めて火を止める。

2 耐熱容器に**1**、**A**を等分に入れ、シュレッドチーズを半量ずつのせる。オーブントースター（900W）で10〜12分焼く。

たまごココット

皮がない分キッシュより
手軽で軽い！
具材は家にあるもので。

失敗なしで至福の味。

ふるふる茶碗蒸し

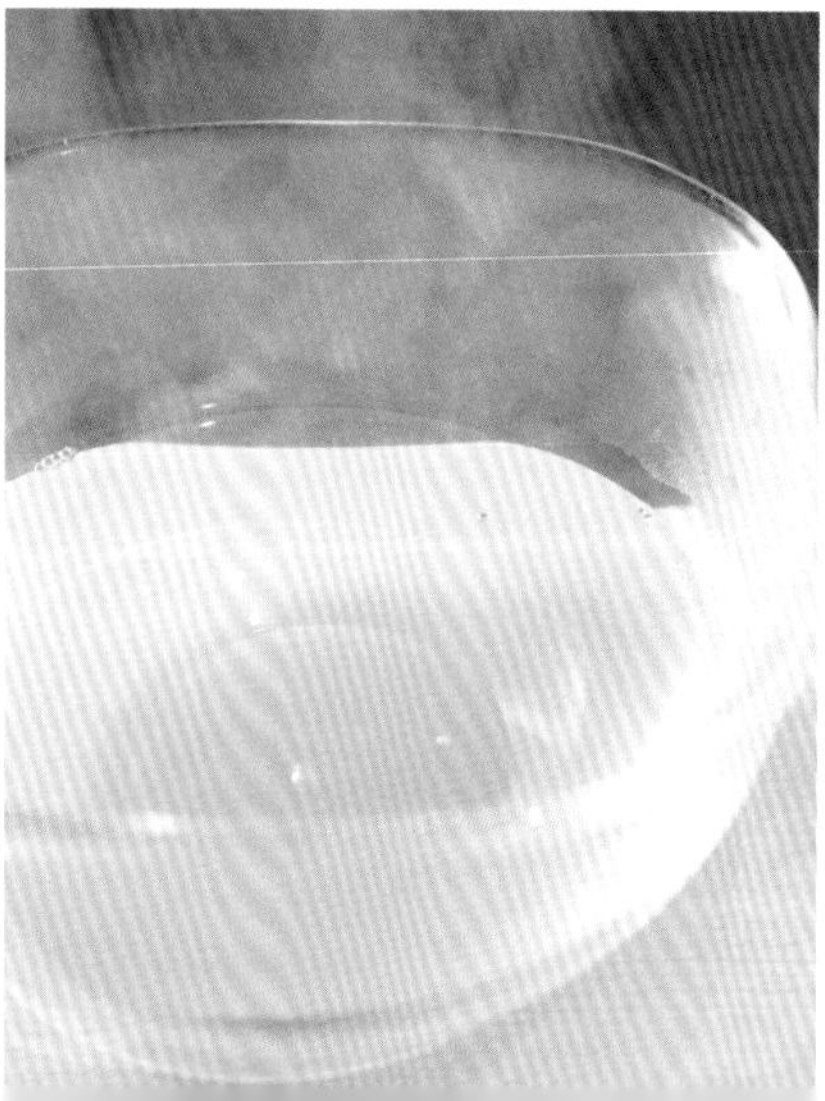

茶碗蒸しは
だしを味わう料理。
だから、
具はシンプルに。

穴子の茶碗蒸し

材料（2人分）

〈茶碗蒸し液〉
卵…1個

A | 上等だし…200mℓ
　| うす口しょうゆ…小さじ1
　| 塩…ひとつまみ

〈具〉
焼き穴子…1尾（正味60g）

1 器に具を入れる。

穴子は頭と尾を切り落とし、6等分に切ってから耐熱容器に3切れずつ入れる。

具は1種でシンプルに。

2 茶碗蒸し液を作る。

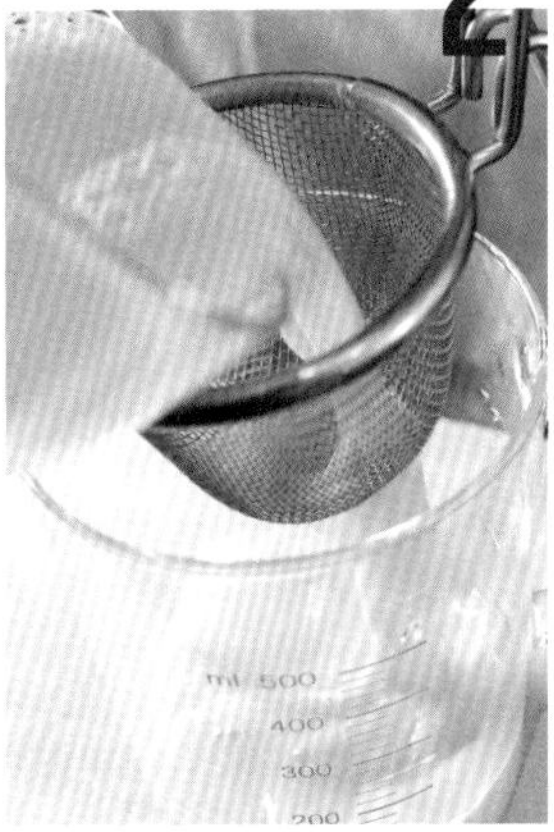

Aは混ぜ合わせる。卵は白身を切るようによく混ぜ、**A**を加えてよく混ぜる。ざるなどでこし、**1**に等分に入れる。

面倒でも1回こすと格段のなめらかさ！

3 2分蒸す。

鍋に高さ3cmまで熱湯を入れ、**2**を並べ入れて器にふたをし、中火にかける。沸騰して湯気が出たら、ふたにふきんを巻いてのせる。

器のふたがなければ、アルミホイルをかぶせても。

2分蒸したら火を止め、ふたをしたまま15分おく。

蒸し器用の網は、使っても使わなくてもどちらでも作れます。
予熱でやさしく火を入れるから、驚きのなめらかさに仕上がります。

茶碗蒸しには

上等だし

上等だしの
材料（作りやすい分量）と作り方

1. 鍋に水1ℓ、利尻昆布10gを入れて弱火にかけ、沸騰させないように30〜40分煮る。
2. 鍋底から気泡が出てきたら、煮立つ前に昆布を取り出す。火を強め、煮立ててアクを取り、水をお玉1杯分入れて温度を少し下げる。
3. 本枯節の削り節（10g）を入れ、箸でやさしくひと混ぜして火を止める。30秒ほどおき、厚手のペーパーを敷いたざるでこす。削り節は箸で押すだけにして、しぼらない。

銀あんがかかるとよりなめらかに。
具がなくてもごちそう感が出ます。

あんかけ茶碗蒸し

材料（2人分）

〈茶碗蒸し液〉

卵…1個

A
- 上等だし…200mℓ
- うす口しょうゆ…小さじ1
- 塩…ひとつまみ

〈銀あん〉

- 上等だし…100mℓ
- うす口しょうゆ…小さじ¼
- 片栗粉…小さじ1

おろししょうが…少々

作り方

1 茶碗蒸し液を作り、耐熱容器に等分に入れ、ふたをして蒸す（P77参照）。

2 銀あんを作る。小鍋に材料を入れてへらで混ぜ、片栗粉を溶かしてから中火にかける。絶えず混ぜて透明感が出てとろみがついてきたら、火を止める。

3 1の蒸し上がりに熱々の2を静かにかけ、おろししょうがをのせる。

ほくほくのゆりねは茶碗蒸しに合います。
ゆりねはゆでずに、レンチンで。

ゆりね茶碗蒸し

材料（2人分）

〈茶碗蒸し液〉

卵…1個

A
- 上等だし…200mℓ
- うす口しょうゆ…小さじ1
- 塩…ひとつまみ

〈具〉

ゆりね…正味40g

作り方

1 ゆりねは1枚ずつはがし、茶色くなった部分を切り落とし、洗って水気をきる。耐熱ボウルに入れてラップをし、電子レンジに1分かける。トッピング用に2枚を取り分け、残りは耐熱容器に等分に入れる。

2 茶碗蒸し液を作り、1の容器に等分に入れ、ふたをして蒸す（P77参照）。

3 蒸し上がりにトッピング用のゆりねをのせ、あれば、練り梅少々をあしらう。

ほたてのふわふわ卵蒸し

ふわふわ卵の淡い風味を
だしのうまみでいただきます。

材料
（約11×6×深さ5㎝の
オーバル形ココット2個分）

卵…1個
塩…ひとつまみ
A（混ぜ合わせる）
ほたて貝柱水煮フレーク缶
…1缶（正味70g）
水…50㎖
うす口しょうゆ
…小さじ½

作り方

1 卵は黄身と白身に分ける。

2 白身をハンドミキサー（またはハンドブレンダー）でツノが立つまで混ぜ、塩を加えて混ぜる。ココット*に入れる直前に黄身を加えてへらでよく混ぜる。

3 ココットにAを等分に入れ、弱めの中火にかける。煮立ったら2を等分にのせ、ふたをして弱火にし、1〜2分蒸す。蒸し上がりに、あれば粉唐辛子少々をふる。

＊ココットがない場合は、直径16㎝程度の小鍋に全量を入れて、同様に作ります。

ケランチム

卵液を入れたら、すぐ混ぜて卵にだしを含ませます。
火を止めてふたをし、余熱で火を入れてふんわりと。

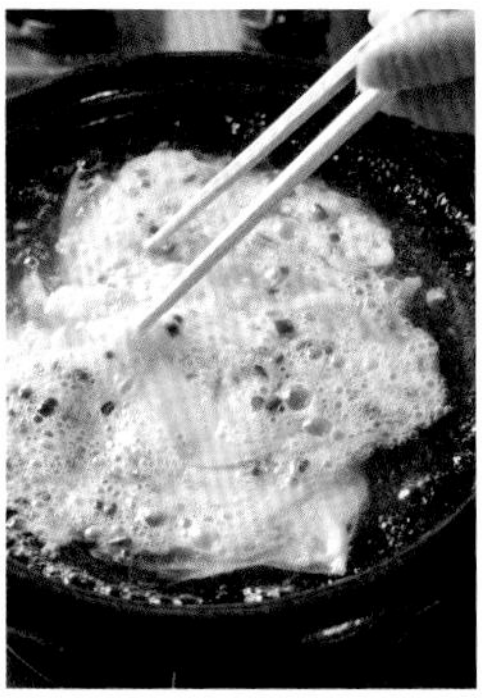

材料（1～2人分）

卵…2個

A
- ごま油…少々
- かに風味かまぼこ（手でほぐす）…30g
- 細ねぎ（小口切り）…小さじ2

B
- 水…150mℓ
- 鶏ガラスープの素（顆粒）…小さじ1

作り方

1. 浅めの土鍋に**B**を入れて混ぜ、中火にかける。
2. ボウルに卵を溶きほぐし、**A**を加えて混ぜる。
3. **1**が煮立ったら**2**を回し入れ、箸で全体を混ぜる。少しかたまったら、ふたをして火を止め、30秒おく。あればかにかま（食べやすく切る）、細ねぎ（小口切り）各少々をのせる。

ごま油の香りが
クセになる味。
ふわふわあっさりの
かに玉風。

卵、牛乳、砂糖は
子供の頃から48年作り続けている
無駄のない配合。
懐かしくも、なめらかで濃厚。

材料
（容量約150㎖のプリンカップ6個分）

卵…4個
牛乳…400㎖
砂糖…100g
ブランデー…大さじ1
カラメルソース…全量

作り方

1 カラメルソースをプリンカップに等分に入れる。

2 牛乳を耐熱容器に入れ、ラップをして電子レンジに1分かけて軽く温める。

3 ボウルに卵を割り入れて白身を切るように混ぜ、**2**、砂糖を加える。泡立て器でよく混ぜて砂糖を溶かし、ブランデーも加えて混ぜる。ざるなどでこし、**1**のカップに等分に流し入れる。

4 深型のフライパン（直径26～28㎝）に**3**を並べ入れ、カップの高さ⅓まで熱湯を注いで火にかける。沸いたら、ふたにふきんを巻いてのせ、2分蒸して火を止め、ふたをしたまま15分おく。

arrange

永遠のアイドル プリン

フライパンでできるふるふるプリン。
中火で2分蒸したらふたをして
15分ほどおいてふるふるに。

カラメルソース

配合は覚えやすい砂糖50g、
水大さじ1、熱湯大さじ1。
焦げ具合でプリンの味が決まり、
薄い色だと甘口に、しっかり焦がすと
ほろ苦い大人向きに。
カラメルソース作りに慣れるまでは
薄めに仕上げるほうが安全です。

材料（プリン6個分）

砂糖… 50g
水… 大さじ1
熱湯… 大さじ1

作り方

1 フライパンに砂糖、水を入れて中火にかける。砂糖が溶けて茶色くなり、薄く煙が出るくらいまで熱する。

この段階で混ぜると失敗します。さわらないでフライパンをゆするだけ。

2 熱湯を加えて混ぜる。すぐにぬれぶきんの上にのせてフライパンの温度を下げ、カラメルソースがかたまらないうちに素早くプリンカップに等分に入れる。

煙が出て茶色くなり出したら、スピード勝負。熱湯を入れ、すぐ鍋底を冷やさないと余熱で焦げすぎてしまうので注意。

おだしあふれる
だし巻きたまご

恐れて
弱火で焼かず、
強めの中火で
テンポよく巻くのが
唯一のコツ。

京都風のだし巻きたまごは、卵液に片栗粉を入れるから
だしが流れ出にくくなり、巻きやすくなります。
だから、お弁当のおかず向き。
作って慣れるのが一番。できたて熱々はうなる味。
冷めても片栗粉効果でおいしいですよ。

材料（内寸13×18.5×高さ3.5㎝の卵焼き器1本分）

〈だし巻きたまご液〉
卵…4個
A｜だし汁…120mℓ
　｜片栗粉、うす口しょうゆ…各小さじ2

米油…適量

1 だし巻きたまご液を作る。

計量カップにAを入れて混ぜ合わせる。ボウルに卵を割り入れて白身を切るように混ぜ、Aを加えてよく混ぜ、ざるなどでこす。

ざるでこすとなめらかな仕上がりに。

2 強めの中火で焼く。

中火で卵焼き器を熱し、コットンにしみこませた米油をたっぷりなじませる。1のたまご液を少量落とし、ジッと音がしたら、卵液を混ぜてから、全体に行き渡る（1/8〜1/7量）くらい流し入れる。

最初にたまご液を入れる温度が肝心。少量のたまご液で確かめます。

半熟になったら、端から巻いていく。

卵焼き器に再び米油をなじませ、たまご液を混ぜてから、1回目と同じくらいの量を流し入れる。卵焼きを箸で少し浮かせて、下にたまご液を行き渡らせ、たまご液に火が通ってきたら、同様に巻く。

片栗粉が沈むので、たまご液は入れる前に都度混ぜて。

くり返して、同様に焼く。

だし巻きたまご4種

一番よく作るねぎ巻き。
卵のやさしい風味。彩りもきれい。

ねぎ巻き

材料（内寸約13×18.5×
高さ3.5㎝の卵焼き器1本分）

だし巻きたまご液…全量（P85参照）
青ねぎ（小口切り）…20g
米油…適量

作り方

1 だし巻きたまご液を作り（P85作り方1参照）、青ねぎを加えてよく混ぜる。
2 だし巻き卵を焼く（P85作り方2参照）。

卵に包まれて、蒸されるようにうなぎがふんわり。山椒の香りでアクセントを。

う巻き

材料（内寸約13×18.5×
高さ3.5㎝の卵焼き器1本分）

だし巻きたまご液…全量（P85参照）
うなぎ（かば焼き）…80g
米油…適量

作り方

1 うなぎは卵焼き器の幅に合わせて切る。
2 だし巻きたまご液を作る（P85作り方1参照）。
3 だし巻き卵を焼く（P85作り方2参照）。たまご液の1/8〜1/7量を流し入れて全体にたまご液を行き渡らせ、半熟になったら、うなぎをのせ、ターナーを使って端から巻いていく。その後も同様に焼く。
4 食べやすく切って器に盛り、好みでうなぎのたれ少々、あれば粉山椒少々をかける。

紅しょうが巻きは、紅しょうがの
塩分があるので、味つけは薄めに。

紅しょうが巻き

材料
(内寸約10×16×高さ3㎝の卵焼き器1本分)

〈だし巻きたまご液〉
卵…2個
A | だし汁…50mℓ
 | 片栗粉…小さじ1
 | うす口しょうゆ…小さじ½

紅しょうが(粗みじん切り)…大さじ1
米油…適量

作り方

1 だし巻きたまご液を作り(P85作り方1参照)、紅しょうがを加えてよく混ぜる。
2 だし巻き卵を焼く(P85作り方2参照)。器に盛り、あれば青のり少々をのせ、好みで紅しょうが(粗みじん切り)少々をちらす。

巻きやすいように濃いめの卵液と
小さい卵焼き器を使うのがポイント。

たらこ巻き

材料
(内寸約10×16×高さ3㎝の卵焼き器1本分)

〈だし巻きたまご液〉
卵…2個
A | だし汁…50mℓ
 | 片栗粉…小さじ1
 | うす口しょうゆ…小さじ½

たらこ…小½本(20g)
米油…適量

作り方

1 だし巻きたまご液を作る(P85作り方1参照)。
2 だし巻き卵を焼く(P85作り方2参照)。たまご液¼〜⅓量を流し入れて全体にたまご液を行き渡らせ、半熟になったら、たらこをのせ、ターナーを使って端から巻いていく。その後も同様に焼く。
3 熱いうちに巻きすで巻いて輪ゴムでとめ、立てておく。冷めたら巻きすをはずし、食べやすい大きさに切って器に盛る。

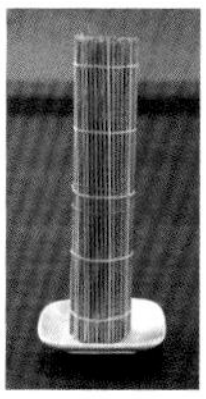

だし巻きサンド

材料（2人分）

だし巻きたまご（P85参照）… 1本分
食パン（6枚切り）… 2枚
〈オーロラソース（混ぜ合わせる）〉
マヨネーズ … 大さじ2
トマトケチャップ … 小さじ1

作り方

1 食パンはトースターで焼き、1枚のパンの片面にオーロラソースを半量塗る。

2 オーロラソースを塗った上にだし巻きたまごをのせ、残りのオーロラソースをかける。パンをのせてはさみ、ラップに包んで2〜3分おいて落ち着かせる。ラップごと食べやすく切って器に盛り、あればピクルスを添える。

だし巻きたまごと人気を二分。

甘い卵焼き

甘みが入る分、焦げやすい卵液なので、
卵焼き器に流し入れたら、すぐ混ぜて
卵液を3〜4回に分けて入れ、手早く焼きます。

材料
(内寸約13×18.5×高さ3.5㎝の卵焼き器1本分)

卵…4個
A 砂糖…大さじ3
うす口しょうゆ…小さじ2
米油…適量

作り方

1 ボウルに卵を割り入れて白身を切るように混ぜ、Aを加えて混ぜる。

2 卵焼き器を弱めの中火*にかけ、コットンにしみこませた米油をたっぷりなじませる。1の卵液を少量落とし、ジッと音がしたら、卵液を¼〜⅓量流し入れ、箸でくるくる混ぜる。全体にかたまり始めたら、混ぜるのをやめてそのまま焼き、卵があらかたかたまったら、折りたたむように巻いていく。

3 卵焼き器に再び米油をなじませ、2と同じくらいの量の卵液を流し入れ、端に寄せた卵を箸で少し浮かせて、焼いた卵の下にも卵液を行き渡らせ、同様に箸で混ぜてから焼き、折りたたむように巻いていく。

4 3をくり返し、同様に焼く。食べやすく切って器に盛り、あれば大根おろし適量にしょうゆ少々をたらしたものを添えても。

＊焦げやすいので火加減に注意する。

おだしがきいて、卵はふわふわ。
かければ何でもごちそう感。

だし香る卵あん

京都の人が
大好きな銀あんに
卵を合わせてふわふわに。

卵はふんわり軽く、
口当たりよく仕上げたいので、
銀あんに卵を入れたら、
火は通しすぎないように。

温豆腐の卵あん

材料（1人分）

充塡豆腐 … 1丁（150g）

〈卵あん〉

卵 … 1個

〈銀あん〉

だし汁 … 200mℓ

うす口しょうゆ、片栗粉 … 各大さじ1

1 豆腐を電子レンジで温める。

充塡豆腐は、パックの角を少し開封して耐熱皿にのせ、電子レンジに1分30秒かけて温める。

2 銀あんを作る。

鍋に銀あんの材料を入れ、へらで混ぜて片栗粉を溶かし、中火にかけて絶えず混ぜる。

火にかける前に材料を混ぜて片栗粉を溶かし、混ぜながら火を入れるのがコツ。

3 卵あんを作る。

銀あんに透明感ととろみが出てきたら、よく溶いた卵を回し入れ、ざっと混ぜてすぐに火を止め、半熟に仕上げる。

とろみをつけた汁の中で溶き卵を混ぜるとふんわり。

4 豆腐にかける。

豆腐に熱々の卵あんをかける。
好みで青ねぎ（小口切り）、黒七味各少々をふっても。

ふーふー
熱々！！

卵あんかけ
みぞれご飯

大根おろしは、卵を入れた後に
入れて、さっと煮ます。

材料（1人分）

卵…1個

A｜だし汁…200mℓ
　｜うす口しょうゆ、片栗粉
　｜　…各大さじ1

大根おろし
（水気をきったもの）…30g

温かいご飯…適量

作り方

1　鍋にAを入れてへらで混ぜ、片栗粉を溶かしてから中火にかける。絶えず混ぜながら、とろみがついてきたら、溶いた卵を回し入れ、箸でざっと混ぜる。

2　半熟になったら、大根おろしを加え、再びフツフツとしたらすぐに火を止め、器に盛ったご飯にかける。あれば、ぶぶあられ少々をふる。

材料（1人分）

ゆでうどん…1玉

A
- だし汁…400mℓ
- うす口しょうゆ…大さじ1
- 塩…ひとつまみ

卵…1個

〈B（混ぜ合わせる）〉
- 片栗粉…大さじ1
- 水…大さじ1½

作り方

1 鍋にA、うどんを入れて中火にかける。煮立ったら2〜3分、うどんがやわらかくなるまで煮て火を止め、器にうどんを盛る。

2 1の鍋にBを入れて火にかけ、絶えず混ぜながら煮る。とろみがついてきたら、溶いた卵を回し入れ、箸でざっと混ぜる。半熟になったら、1にかける。好みで青ねぎ（小口切り）、おろししょうがを各少々をのせる。

鶏卵うどん

だしが冷たいうちに、うどんを入れて
2〜3分煮るだけで、
芯までおだしがしみたおいしさに。

熱々をふーふーしながらがおいしい
あん仕立てのうどん。
しょうがはたっぷりで。

レタスのそぼろ卵あん

和風麻婆《マーボー》のようなそぼろ卵あん。
レタスのシャキシャキ感が
引き立ち、食後は軽やか。

ひき肉に調味料の水分を
吸わせてから火にかけると
そぼろがしっとり。

材料（1〜2人分）

卵…１個
A
- 鶏ひき肉（もも）…80ｇ
- 酒…大さじ１
- 塩…ひとつまみ
- こしょう…少々

レタス…３〜４枚（100ｇ）
B（混ぜ合わせる）
- だし汁…100mℓ
- うす口しょうゆ、片栗粉…各大さじ½

作り方

1 レタスは洗って、手で大きくちぎりながら、耐熱ボウルに入れる。

2 小鍋にAを入れてへらで練り、ひき肉に調味料を吸わせてから中火にかけ、ほぐしながら炒める。ひき肉が白くなってきたら、Bを加え、絶えず混ぜる。とろみがついてきたら、溶いた卵を回し入れ、箸でざっと混ぜてすぐに火を止め、半熟に仕上げる。

3 1にラップをして電子レンジに１分かけ、器に盛る。2をかけ、あれば貝割れ菜、豆板醤《トウバンジャン》各少々をのせ、好みでごま油少々をふる。

卵を少量使いたい時や
おべんとう作りにも大活躍。

たまごレンチンワザ

卵1個の電子レンジ（600W）の
加熱時間の目安は、40秒！
常温の卵を使ってください。

買ってる場合じゃないおいしさ！
水をかけると卵が破裂しにくい。

レンチン温泉卵 約40秒

材料と作り方

常温に戻した卵1個は、卵より少し大きい耐熱容器に割り入れる。かぶるくらいの水（30～50mℓ）を入れ、ラップをして電子レンジに30～40秒かける。水気をきって器に盛る。

＊レンジは最初に30秒かけ、その後は様子をみながら、5秒ずつかける。

〈味つけ〉

だし汁大さじ1、煮きりみりん（P5）、うす口しょうゆ各小さじ1を合わせて温泉卵にかける。

少量の卵サラダがかんたんに作れる!

レンチンたまごサラダサンド 約40秒

材料と作り方

常温に戻した卵1個は、卵より少し大きい耐熱容器に割り入れ、箸で混ぜて白身のかたまりをほぐし、黄身を軽くつぶす。ラップをして電子レンジに40秒かける。粗熱がとれたら、マヨネーズ10gを混ぜる。

＊卵は完全に火を通すとパサパサになるので、8～9割の火通りで。

＊そのままなら、たまごサラダに。パンにはさめば、たまごサンドに。

大原千鶴（おおはら・ちづる）

料理研究家。京都・花脊の料理旅館「美山荘」を生家として生まれる。幼いころから自然に親しみ、食材に触れ、料理の心得を学ぶ。3児を育てながら、料理研究家としての活動をスタート。テレビ、出版、講演など、幅広く活躍。子どもの子育ての経験から、タイムパフォーマンスのよいおいしいレシピと、明るく気さくな人柄が幅広い層から人気を得ている。第3回京都和食文化賞受賞。
近著に『大原千鶴のお料理ノート 一生使える、基本の味つけ決定版』（高橋書店）、『大原千鶴のいつくしみ料理帖 今まで、そしてこれから。』（世界文化社）、『むりなく、むだなく、きげんよく 食と暮らしの88話 茶呑みめし』（文藝春秋）など。本会刊に『忙しい人でもすぐに作れる 冷めてもおいしい和のおかず』ほか。

アートディレクション●細山田光宣
デザイン●柏倉美地（細山田デザイン事務所）
撮影●鈴木正美
撮影アシスタント●重枝龍明
料理アシスタント●酒井智美
スタイリング●中山暢子（P64〜95）
企画・編集●土居有香（メディエイトKIRI）
校正●安久都淳子
DTP制作●天龍社

大原千鶴の
とびきりおいしい卵料理

2023年9月20日　第1刷発行

著　者　大原千鶴
発行者　木下春雄
発行所　一般社団法人 家の光協会
〒162-8448　東京都新宿区市谷船河原町11
電話 03-3266-9029（販売）
03-3266-9028（編集）
振替 00150-1-4724
印刷・製本　図書印刷株式会社

ISBN 978-4-259-56772-9　C0077